DES

SATYRES

ÉDITION UNIQUE
à cinq cents exemplaires

DES
SATYRES
BRUTES
MONSTRES ET DEMONS

De leur nature et adoration

Contre l'opinion de ceux qui ont estimé les Satyres
estre une espece d'hommes distincts et separez
des Adamiques

Par FRANÇOIS HEDELIN

ADVOCAT EN PARLEMENT

(1627)

PARIS

Isidore LISEUX, Éditeur

Passage Choiseul, n° 19

1888

AVANT-PROPOS

'AVOCAT au Parlement, François Hedelin, auteur de ce Traité *des Satyres, brutes, monstres et démons*, s'est rendu beaucoup plus célèbre, une fois entré dans les Ordres, sous le nom d'abbé d'Aubignac, ce fameux abbé d'Aubignac qui, d'après Voltaire (1), avait tant lu Aristote et disait tant d'injures à Corneille, « sans avoir la première idée de cette pratique du théâtre qu'il croyait enseigner. » Sa *Pratique du théâtre* est, toutefois, demeurée en possession d'une certaine notoriété, ne serait-ce que pour la rigueur des règles qui y sont exposées et d'après lesquelles nous n'avons pas une seule tragédie sans défaut capital. Son Traité *des Satyres*, connu seulement des curieux, est son premier ouvrage et semble avoir été relégué

---

(1) *Commentaire sur Corneille* (Avertissement du Commentateur).

dans l'oubli par lui-même, lorsqu'il fut devenu tout à la fois un prédicateur renommé et un théoricien de l'art dramatique en butte aux anathèmes de quiconque écrivait pour la scène, tant il était difficile à satisfaire. Ce critique acerbe prêta, du reste, à rire, lorsque, voulant enfin mettre en pratique ses propres théories, il accoucha péniblement d'une tragédie injouable et illisible, quoique conforme en tout aux règles et, par conséquent, d'une perfection absolue.

Bien qu'il ne fût pas encore prêtre lorsqu'il recherchait curieusement ce que pouvaient bien être ces Satyres dont l'existence nous est attestée non seulement par les poëtes Grecs et Latins, mais par les Pères de l'Église, François Hedelin devait avoir déjà quelque vocation pour la théologie : car c'est en théologien qu'il a traité le sujet, et, de même que plus tard il ne jurait que par Aristote, il ne jure ici que par la *Genèse*. Il fut donc toute sa vie l'homme d'un livre. Du moment qu'on est certain, par la *Genèse*, qu'il n'y avait pas un seul Satyre dans l'arche de Noé, ces êtres singuliers doivent nécessairement rentrer dans une catégorie quelconque de ceux que Dieu créa durant les sept jours de la grande Semaine. Suivant les cas et les particularités qu'on peut déduire des récits des auteurs, Fr. Hedelin en fait tantôt des singes, le naturel lascif de ces animaux expliquant d'ailleurs autant que de besoin les enlèvements de nymphes ou de femmes par lesquels se sont toujours distingués les Satyres, quand on en rencontrait communément dans les bois ; tantôt des monstres, produits incestueux de l'homme et de la chèvre, ou de la femme et du bouc : les physiologistes ne croient guère à la fécondité de pareils croisements, mais quoi ! Saint Jérôme n'a-t-il pas vu de ses yeux, dans le désert, des Satyres nés de filles et de singes ? Ces singes ou ces monstres ne sont donc que des animaux, des bêtes brutes, dépourvues totalement d'âme immortelle. L'hippocentaure et le Satyre avec lesquels Saint Antoine, allant rendre visite à l'ermite Saint Paul, eut une conversation aussi longue qu'instructive, nécessitent naturellement une troisième catégorie, car ceux-là étaient non seulement raisonnables, mais doués de l'esprit de prophétie : c'étaient des démons, affirme l'auteur, et il a ainsi réponse à tout.

On ne manquera pas de rapprocher les *Satyres* de François Hedelin, d'un autre traité du même genre : *De la Démonialité et des animaux incubes et succubes*, par le P. Sinistrari (1). Celui-ci, en s'appuyant sur les

---

(1) Paris, Liseux, 1875, in-8. — Seconde édition, 1876, pet. in-18.

mêmes textes, arrive à des conclusions tout autres, car il démontre péremptoirement que les intéressants objets de son étude sont des êtres doués de raison, rachetés par le sang de Jésus-Christ, et capables de damnation ou de salut ; il n'a écrit son livre qu'en vue de cette thèse, si improbable au premier abord, et dont pourtant il se tire avec une rigueur de déduction qui lui fait le plus grand honneur.

Ces deux thèses contradictoires se complètent et sont, chacune dans son genre, des modèles de discussion théologique.

ALCIDE BONNEAU.

Mars 1888.

A MONSEIGNEUR,
MONSEIGNEUR
LE MARESCHAL
DE SAINCT GERAN

Monseigneur,

es *Spartiates* ont practiqué long-temps une coustume à l'endroit des petits enfans, digne seulement de l'austerité d'un tel peuple. Car si tost qu'ils estoient nez, on les mettoit entre les mains d'un certain *Officier* deputé pour les visiter, lequel, apres les avoir exactement considerez, s'il les trouvoit difformes en leurs membres, ou debiles en leur complexion, les precipitoit dans les *Apothetes* ou *Depositoire*, lieu destiné pour ceste inhumanité, parce qu'ils estimoient estre indigne de leur grandeur, de nourrir des monstres qui feroient honte à leurs parents, ou des delicats qui seroient inutils à leur Republique. Or puisque les livres sont les enfants de l'esprit, quel jugement dois-je attendre en vous presentant aujourd'huy ce traicté, dont le nom et le subject est si mons-

trueux, et le discours si foible? Direz-vous pas qu'il le faut precipiter dedans quelque Depositoire, et, me fermer la bouche d'un eternel silence? Mais quand il me souvient que vous-mesme, quelque estrange difformité qui soit aux Satyres, avez bien daigné vous en entretenir, et tesmoigner par vos paroles quelle estoit votre curiosité : cela mesme qui m'a donné le courage d'entreprendre ce petit ouvrage, me confirme en la croyance qu'il ne vous sera point desagreable. Ce n'est pas que je m'ose promettre de resoudre tous les doutes qui se peuvent rencontrer en ceste matiere, et en donner une entiere intelligence. La cognoissance de mon incapacité m'en oste la presomption, et la difficulté du subject l'esperance de le pouvoir faire. Mais seulement affin que prenant ceste occasion pour vous offrir, avec les premices de mes estudes, les vœux de vous servir, qui sont naturels en la famille dont je suis sorty, je puisse recevoir l'honneur d'estre recognu autant d'affection que de naissance,

MONSEIGNEUR,

Vostre tres humble, tres obeissant,
et tres affectionné serviteur,

F. HEDELIN.

ADVERTISSEMENT
DE L'AUTEUR

'INSCRIPTION de ce Livre ne semblera peut estre pas moins estrange, que la methode que j'ay observée en cette matiere est extraordinaire. Cette question est si nouvelle, qu'à l'abord oyant parler de Satyres bestes brutes, plusieurs se trouveront par-advanture surpris, comme la pluspart de ceux ausquels j'ay communiqué mon dessein avant que de le mettre au jour. Mais, apres les tesmoignages de tant d'Autheurs si célebres dont nous avons composé la seconde partie de ce Livre, il n'y a plus à douter si les vrais Satyres sont bestes brutes. Nous les avons ordonnez et joincts ensemble en la forme que nous avons jugée

la plus commode pour faire couler insensiblement tant de citations, et les rendre moins ennuyeuses. Quant à l'ordre, le methodique et plus commun estoit, ce semble, de discourir du nom de Satyre et de sa definition. Mais ce mot estant æquivoque et convenable à plusieurs choses de nature toute diverse, je me fusse en vain travaillé à cet esclaircissement : et puis disputer des noms est un discours si leger et de si peu d'edification, que j'ay mieux aimé donner des choses solides et plus importantes. J'ay pris ceste question par la teste, et dés l'entrée combattu l'opinion de ceux qui se sont imaginez contre raison que les Satyres estoient hommes, affin de disposer par ce moyen le Lecteur à recevoir plus facilement la division que j'en fais en trois especes. Ceux qui me feront l'honneur de courir le Livre tout entier, cognoistront que l'inscription est coëgale, et toute proportionnée aux choses que je traicte, et l'ordre que j'ay tenu necessaire : et j'ose me promettre que si leur curiosité n'est pleinement satisfaicte, au moins leur bien-veillance ne pourra refuser un favorable accueil à mes efforts, principalement en une matiere si nouvelle, si penible et si negligée. L'on pourroit demander peut-estre, pourquoy je ne suis pas entré plus avant dans le discours de tous les hommes monstrueux, auquel la porte n'est que trop largement ouverte par cette dispute des Satyres. Mais estant particulierement obligé de traicter ce subject, j'ay creu que je ne m'en devois aucunement esgarer. Il se trouvera mesme que j'ay laissé beaucoup de fables des Satyres dont je pouvois grossir ce volume, parce qu'elles ne concernent en rien leur nature, et la cognoissance que nous en recherchons. Ce petit ouvrage pourtant sera les arres d'un plus grand auquel je suis maintenant comme engagé : car si mon esperance se trouve tant soit peu satisfaicte du jugement et de la curiosité du public, j'acheveray comme j'ai commencé : et cheminant sur les voies que je me suis moi-mesme tracées, je donnerai ce que j'ay peu recueillir des

Hippocentaures, Tritons, Nereïdes, Geans, Pigmées, Acephales, Arimaspes, Hommes colorez, et de tant d'autres monstres, dont les Histoires font mention. Sur tout je prie le Lecteur d'excuser les fautes enormes qui sont survenues en l'impression. J'en ay cotté quelques-unes des plus apparentes : pour les autres il m'obligera de les supleer, et les pardonner à la precipitation ou negligence de l'Imprimeur.

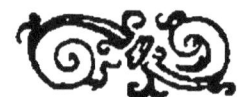

IN LIBRUM
DE SATYRIS
D. HEDELINI

Esse quidem Satyros Hedelini pagina monstrat
  Non homines, verum certius esse feras.
Hinc quoque Sirenes numeratas ordine Divûm
  Pisces, aut potius Dæmones esse, docet.
Sed si ausus fuerit contendere Marsia Phœbo,
  Et calamos dulci præposuisse lyræ,
Sensit et excussam pœnæ sibi nomine pellem,
  Crede mihi, Satyrus bestia magna fuit.

G. Chesneau, Advocatus.

A MONSIEUR
HEDELIN
SUR SON
LIVRE DES SATYRES

On ne sçauroit par trop recompenser
Les beaux esprits de ce siecle où nous sommes,
Dont le travail s'efforce d'amasser,
Dans les escrits d'infinis sçavans hommes,
Ces belles fleurs qui monstrent aux Chrestiens
En quelle erreur ont esté les Payens.

Combien qu'apres tant de maux endurez,
Et tant de sang espandu sur l'arene,
Nous deussions estre à present asseurez
En nostre Foy, sans plus nous mettre en peine
De rechercher, dedans l'obscurité
Du Paganisme, une autre vérité,

A MONSIEUR HEDELIN

Tant de meschans s'efforcent d'obscurcir
Les clairs rayons que le Ciel nous eslance,
Et d'une fausse apparence noircir
Ce beau Soleil qui guide la croyance,
Qu'on void en fin plusieurs foibles espris
Dedans ces rets enlacez et surpris.

Pour faire veoir combien sont ignorans
Tous ces brouillons qui, dedans la nature,
Ont recherché d'autres hommes vivans
Que ceux qui d'Eve ont pris leur nourriture,
Et pour monstrer les Sylvains et Tritons
N'avoir esté que Brutes et Demons,

Ce Livre cy, le premier enfançon
De son Autheur, va se mettre en lumiere,
Nous enseignant par certaine raison,
De ces subtils la malice grossiere,
Qui vont disant que nous ne sçavons pas
Tous les mortels qui vivent icy bas.

G. Chesneau, Advocat.

A MONSIEUR HEDELIN

SUR SON

LIVRE DES SATYRES

Ceux-là nous apprestent à rire,
Et furent trop injurieux,
Qui firent les Satyres, Dieux :
Mais, qui admet l'homme Satyre,
Est plus insupportable qu'eux.

Car ce fut des Demons la ruse
Qui promeut l'adoration
De ces Sylvains, et l'action
Est d'autant plus digne d'excuse,
Qu'elle estoit de religion.

A MONSIEUR HEDELIN

Mais celuy destruit la nature,
Qui concluant par un faux son,
Par quelque ombrage de raison,
Par le port, et par la figure,
Bastit un homme à sa façon.

Hedelin, ton Livre est le Sphinge
Qui leve toute obscurité,
Et, descouvrant la verité,
Monstre que le Satyre est Singe,
Et n'est homme ny Deité.

AU LIVRE

Allez, doctes escris, ores doux entretien,
Des plus sçavantes mains, allez ; si le Satyre
Est une beste brute et de l'homme n'a rien,
D'un Satyrique esprit ne redoutez point l'ire.

OSON, Prevost de Nemours.

EXTRAICT

DU PRIVILEGE DU ROY

AR Grace et Privilege du Roy, donné à Paris le 10ᵉ jour d'Avril 1627, il est permis à NICOLAS BUON, ayant transport de Mᵉ FRANÇOIS HEDELIN, Advocat en Parlement, d'imprimer un livre intitulé : *Des Satyres, Brutes, Monstres et Demons, etc.*, composé par ledit HEDELIN. Avec deffences à toutes personnes de l'imprimer, sans le consentement dudit BUON, pendant le temps et espace de six ans, à peine aux contrevenans de confiscation et amende. Donné le jour et an que dessus, et signé,

VERSORIS.

DES SATYRES
BRUTES, MONSTRES ET DEMONS,
DE LEUR NATURE ET ADORATION

CONTRE
l'opinion de ceux qui ont estimé les Satyres hommes

LIVRE I.

QUE LES SATYRES NE PEUVENT ESTRE HOMMES

E souverain gouverneur du monde, mettant à execution le decret eternel de l'establissement de l'Univers, voulut donner à chacune des creatures un degré de prerogative particulier, afin

que toutes ensemble peussent, dans l'admiration de leur nature, porter des marques de la Majesté de leur Createur. A la terre il donna la fermeté sur le neant, aux Cieux un mouvement sans repos, aux Astres une splendeur d'elle mesme inextinguible, et aux animaux la vie. Mais voyant que la perfection de ce grand Tout sembloit luy demander une autre creature plus parfaicte, qui peust jouyr des thresors inestimables qu'il avoit departis au nombre infiny de ces nouveaux estres, et dominer sur tout le reste, il separa ce qu'il y avoit de plus admirable et de sainct dans tous les membres de ce monde, pour les assembler en la nature de l'homme qu'il crea. Et son desir ne se trouvant pas satisfaict d'avoir renclos tant de riches merveilles dans ce petit ouvrage, il voulut encore, pour combler l'immensité de sa gloire, y adjouster sa propre Divinité, et imprimant en sa plus noble partie l'image saincte et venerable de son estre et de sa grandeur, il en fit le petit Dieu de l'Univers. Il s'en trouve neantmoins de si mescognoissans de ceste grace infinie, et si ennemis de leur excellence, qu'ils se sont efforcez de communiquer ceste divine humanité aux bestes brutes, et les eslever jusqu'au degré de leur perfection, ou bien, injurieux à soy-mesme, rabaisser l'eminence de leur nature, et la rendre esgale à la brutalité. Paracelse, entre ses autres imaginations non moins impies qu'audacieuses, imposant aux œuvres et à la main de Dieu, a bien osé constituer cinq especes d'hommes differens, dont la premiere est de ceux qu'il appelle Adamiques, c'est à dire enfans d'Adam; et les quatre autres, qu'il faict spirituels et mortels en leur tout, à la creation desquels Dieu n'a jamais pensé, il les distribue dedans les Elemens, s'imaginant que dans chacun habitent certaines creatures raisonnables, qu'il appelle dans le feu Salamandres et Vulcans, dans la terre Pygmées, dans les eaux Nymphes et Tritons, et dedans l'air Satyres. Encore certes m'estonné-je comme il n'a point passé plus avant, et à l'exemple de Xenophanes, basty des citez et porté sur les aisles de ses resveries des peuples entiers dans le ventre du Soleil et de la Lune, les remplissant, selon la Philosophie des Pythagoriciens, d'hommes et d'animaux quinze fois plus grands que ceux de ce monde.

Depuis quelques années, François Pic Comte de la Mirande, cheminant sur les voyes d'une pareille doctrine, a laissé dans ses escrits une opinion indigne à mon advis de son nom : car il soustient que la definition de l'homme, animal raisonnable, ne luy est pas naturelle, ny particuliere, et que les Satyres estant aussi animaux raisonnables, il est necessaire de mettre deux especes d'hommes, dont l'un sera homme Satyre, et l'autre homme non Satyre. Vadian en ses Commentaires sur Mela, s'approche fort de ceste opinion quand il fait les Satyres veritablement hommes. Diodore et Pline en plusieurs endroits, l'Autheur de la Genealogie des Dieux, et une infinité d'autres Historiens, peu soucieux de la verité, se sont laissez emporter à ceste croyance. Plusieurs mesme dont la raison plus forte se soustient un peu mieux, ne peuvent pas dire qu'il n'y a point de Satyres, d'autant que l'Histoire en fournit trop d'exemples pour en douter, et n'osent pourtant nier absolument qu'ils soient hommes, parce que ceux dont les Autheurs font mention, se sont montrez trop semblables à nous, et de corps et d'esprit. Et ce qui m'a donné plus d'estonnement et de subjet d'entreprendre ce discours, est que ce grand œil des Escritures, Sainct Hierosme, semble luy-mesme avoir bronché contre ceste pierre, et sans prendre garde aux consequences, s'estre laissé negligemment aller au cours de ceste erreur vulgaire : car de quelque espece de Satyres dont il parle en ses œuvres, il les appelle tousjours hommes.

Mais bien que tant de grands personnages, dont les escrits meritent une eternité, et les ombres estre adorées des siecles à venir, ayent tenu ceste opinion, pour deffendre neantmoins la dignité de l'homme, à laquelle il semble que l'on veuille faire participer des monstres, qui n'ont rien de ce que l'on veut leur attribuer, et donner une entiere cognoissance de ce qu'ils sont : nous soustenons que les Satyres ne font point une espece d'animaux raisonnables, distincts et separez de la nostre, c'est à dire qu'ils ne sont point hommes, et qu'il ne peut y avoir d'autre espece d'homme que les Adamiques, pour parler avec nostre Paracelse. Et que si l'on a veu certains animaux avoir en leur figure quelque rapport au corps humain, ce ne sont que vrayes especes de bestes brutes, ausquelles donner le nom d'homme seulement est sacrilege; ce que l'on peut aisement prouver par des raisons si naturelles et si sainctes, qu'il n'y a point d'autre response que l'impieté.

Premierement, si l'espece du Satyre estoit constituée par une difference, c'est à dire par une nature particuliere distincte de l'homme Adamique en son essence, ou bien ceste nature seroit plus noble et excellente, ou bien abaissée au dessous, et beaucoup moindre en la composition de son estre. Or il ne se peut faire que ny l'un, ny l'autre soit au Satyre, ny en aucune creature, et qu'elle soit homme : car s'il estoit en sa nature plus parfaict, et qu'il fust eslevé au dessus du vray homme, il auroit sans doute atteint le point de la nature Angelique, et seroit revestu de toutes les qualitez spirituelles qui suivent l'estre de l'Ange, pour ce que le vray homme est de si peu inferieur à l'Ange, et nostre nature est si voisine de celle des intelligences celestes, qu'il ne peut y avoir aucun estre qui tienne le milieu de ces deux autres. Ce qui a faict dire à David que Dieu a couronné l'homme d'honneur et de gloire, l'ayant faict seulement un peu moindre que l'Ange, et à Sainct Thomas que la Hierarchie humaine est contenue sous la derniere Hierarchie des intelligences surnaturelles. De sorte que le Satyre ne pourroit estre plus que l'homme, s'il n'estoit Ange, chose indigne de nostre pensée, et qui ne peut tomber en l'imagination des ames plus grossieres : et ceux là mesme qui feroient le Satyre homme, ne voudroient pas avoir dict qu'une creature de substance corporelle, et terrestre, respirant une vie animale, lascif au de là de ce que l'on peut imaginer, et subjet à la mort, fust pareil en son estre à ces substances toutes spirituelles, qui n'ont autre vie que celle qu'elles tirent immediatement de Dieu, toutes sainctes en leurs operations, et douées dès leur origine de l'æviternité. De mesme aussi ne se pourroit-il faire que le Satyre fust moins parfaict que les enfans d'Adam, et que les qualitez de sa nature ravallées au dessoubs de nostre estre, le rendissent nostre inferieur, et qu'il demeurast homme : pource que alors il ne seroit plus qu'une espece de brute, qui n'auroit rien de commun avec l'humanité, que la vie, le corps, et le sentiment, à la façon des autres animaux. Car autant que l'homme approche de l'estre des Anges par la noblesse de son ame, autant, par son autre partie, avoisine-t-il la brutalité : et comme il ne peut y avoir de creature qui tienne le milieu entre l'homme et l'Ange, aussi n'y en peut-il avoir entre l'homme et la brute, estant nostre nature, comme dit Sainct Augustin, le milieu et le point qui separe la nature Angelique de la brutale, n'ayant rien moins que l'Ange, outre les sens corporels, ny rien plus que les brutes, outre l'intelligence spirituelle. Ce que les Platoniciens veulent signifier, disant que l'homme est le milieu des bestes et des Dieux, et Seneque escrivant que le meilleur de l'homme est la raison par laquelle il marche devant les autres animaux, et suit de près les Dieux : car par ces Dieux faut entendre ceux qu'ils nommoient Æviternes, ou Ævintegres, qui ne sont autres que les Anges et substances spirituelles, dont l'æviternité, dit Sainct Thomas, est la mesure. De sorte que si le Satyre est privé de ceste intelligence, il ne luy reste plus que la nature animale, c'est à dire une vraye brutalité. Davantage, toutes les parties de ce grand Univers sont d'une telle composition subordonnées l'une l'autre, que les plus nobles sont servies par les inferieures qui s'y rendent subjectes, sans aucune repugnance de leur nature. Les Cieux, les Astres, et les Elemens, sont assubjettis à la generation et entretien des estres vivans. Entre les vivans, les plantes fournissent aux alimens et utilitez des animaux, et les animaux, avec tout le reste du monde, servent à l'homme ainsi qu'il luy plaist : l'homme seul demeure à soy mesme libre et affranchy de tout esclavage, jusques là que ses volontez sont en sa main, sans estre mesme subjectes à la puissance ordinaire de Dieu. Ainsi pleut-il au Createur du monde de le creer seigneur et maistre de toute chose, et dès son origine l'honorer de cet Empire, luy disant : Je te fais le Seigneur de tout ce que la vie faict mouvoir sur la terre, dans les eaux, et dans l'air. Si donc la nature du Satyre estoit inferieure à la nostre, comment pourroit-il estre homme et estre inferieur à un autre homme ? comment pourroit-il estre homme et estre privé de commander en ce monde, qui est le propre de l'homme, et l'incomparable marque de sa Divinité ? Et comment pourroit le Satyre vivre sous le Ciel, et n'estre pas du nombre des bestes brutes, puis qu'il n'y a point d'autre homme que celuy qui leur doit commander ?

La seconde raison se pourra bien à propos tirer de la premiere naissance des animaux : car s'il estoit vray que les

Satyres constituassent une espece particuliere d'homme, il faudroit que Dieu les eust creez masle et femelle, à l'origine du monde, ainsi qu'il fit toutes les autres especes. Nous ne sommes plus dans l'estat d'ignorance de nous imaginer que les hommes au commencement puissent avoir esté produicts des chesnes crevez, des marests fangeux de l'Ægypte, des potirons de Corinthe, de la terre d'Empedocles, de l'Ocean de Crates, des poissons d'Anaximander, ou de l'œuf de la Sapience dont quelques Ægyptiens faisoient esclorre nos premiers parens. Et hors la creation, tout ce que l'on peut conter de leur premiere naissance, et de toutes les autres parties de l'Univers, est recognu parmy nous pour extravagance et imposture. Or qu'il n'y ait point eu d'hommes Satyres creez de Dieu, les Escritures qui portent avec soy leur raison, et la condamnation de ceux qui les rejettent, nous l'enseignent trop manifestement pour le revoquer en doute.

Apres ce grand travail sans peine, qui fit sortir de la main de Dieu ce bel ouvrage de cinq jours, Dieu voulut creer l'homme, et à sa creation il employa la sixiesme journee toute entiere. Et affin que sa nature se peust provigner et perpetuer en son espece, il les fit masle et femelle, Adam et Eve. Or en toute ceste sixiesme journee, il n'est point parlé de Satyres. Et quand elle auroit esté (comme disoit Empedocles) aussi longue que sont aujourd'huy dix mois, il n'est point escrit qu'il en fut creé. De sorte qu'il faut dire qu'il n'y en a point, ou, s'il y en a, qu'ils avoient esté creez le quatriesme et cinquiesme jour, quand Dieu mit sur la terre toutes les especes de serpens et de bestes brutes, entre lesquelles les Satyres doivent estre necessairement compris, s'ils ont esté creez : car il ne fut point creé d'homme que le sixiesme jour, et à ce jour point d'autre qu'Adam et Eve : car apres que Dieu les eust faicts, dit Moyse, il les benit, et puis se reposa. Si ce n'est peut estre que l'on voulut avoir recours à la fabuleuse antiquité des Arcades, qui se disoient nez auparavant la Lune, et s'imaginer que les Satyres auroient esté creez avant ces grands luminaires du Firmament : ou bien recevoir pour verité l'extravagance du Rabin Abraham, lequel, comme s'il eut preveu ceste raison, escrit que les Satyres furent creez, comme aucuns ont voulu dire, de la femme, le septiesme jour; et que Dieu, prevenu de la nuict suivante, ne leur peut donner leur entiere perfection : d'où vient qu'ils se tiennent cachez tout le long du jour et de la nuict du Sabath. Mais à cela nous n'avons rien à respondre, sinon que ceste fiction des Arcades est une invention de Grecs, c'est à dire, de personnes jeunes, comme escrit Platon, et ignorans de l'antiquité, et l'autre, du Rabinisme, c'est à dire une fable Milesiacque, et un conte à perte de veue : l'un et l'autre esloigné de raison, hors le sens commun, et conraire à la verité, qui nous apprend qu'aucune creature vivante ne fut faicte avant les Astres, et que le septiesme jour la main de Dieu se reposa de toute œuvre. C'est à dire qu'il accomplit dans le sixiesme (comme expliquent les sçavans Grecs et Hebrieux) tous les desseins qu'il en avoit projettez dans l'éternité, et que dès le commencement du Sabat, il cessa la creation de toutes nouvelles especes.

Suivant les erres de la pureté de ceste mesme doctrine, nous dirons que Dieu, tirant la nature humaine du neant pour la mettre au monde, la voulut creer à sa semblance, et la marquer en son ame de l'image de sa Divinité. Ainsi fut-il resolu dans l'uniforme communion des trois personnes divines, comme il est aisé d'apprendre par le texte de Moyse, où Dieu dit : *Creons l'homme à nostre semblance.* Or il n'y a point eu d'autre creature en l'origine du monde, que nostre premier pere, auquel Dieu ait fait ceste grace de luy mettre sur le front le pourtraict de son estre et de sa lumiere; luy seul a esté formé à la semblance de son Createur, à luy seul fut donné cet esprit de vie, lequel, comme escrit Philon, rendit celuy qui le recevoit, semblable à celuy qui l'inspiroit : car aussitost qu'Adam et Eve eurent esté creez, Dieu mit fin à l'ouvrage du monde. Verité qui nous oblige à croire que les Satyres ne peuvent avoir empreinte en leur nature ceste image de la Divinité, puisque cette grace a esté octroyée à Adam seulement : et comment sans cette marque pourroient-ils estre hommes, puisque Dieu, en creant l'homme, luy a voulu donner cette marque glorieuse et divine?

Mais quand il seroit aussi vray, comme il est tres faux, que les Satyres auroient esté creez masle et femelle au premier aage du monde, l'espece n'auroit peu par la propagation descendre jusques à nous, et le Deluge universel auroit arresté le cours de leur generation, et estouffé outes les semences en ceux qu'il auroit submergez. Car nous apprenons d'une doctrine sans contredict, que dans l'Arche de Noé, qui fut bastie pour la conservation de toutes les creatures que Dieu reservoit au renouvellement de l'Univers, il n'y avoit point d'autres hommes que Noé et ses enfans, et tout le reste estoient bestes brutes. De sorte que les Satyres n'estoient point dans cette Arche s'ils estoient hommes, ou bien, si leur couple y fut receue pour éviter ce naufrage commun, il falloit qu'ils fussent bestes brutes. Et davantage le genre humain, dit l'Escriture, fut semé et renouvellé par les enfans de Noé : et de leur lignée sont tous les peuples de la terre. Ce qui ne seroit pas veritable si les Satyres estoient une autre espece d'hommes : car n'estant point de la race d'Adam, ils ne peuvent estre de celle de Noé. S. Augustin semble favoriser cette raison par le discours qu'il faict des hommes monstrueux, qui estoient despeints dans la place de Cartage regardant sur la mer, faicte de mesme artifice que ces grottes qui sont ordinaires aujourd'huy dedans les grandes maisons. L'on y voyoit des Centaures, des Cynocephales, des Scyopodes, et mille autres fantosmes des Poëtes et des Historiens, tels qu'un Herodote. Ce Docteur met en question, si tels monstres sont nez de la semence de Noé et d'Adam, et la decide en telle sorte : ou bien tels monstres ne sont point, ou bien ils sont bestes brutes, ou, s'ils sont hommes, ils sont necessairement venus de Noé et d'Adam. Et sur cette derniere conclusion, par raison contraire, je diray que si les Satyres, et ces prodiges des Fables, dont on voudroit faire des hommes imaginaires, ne sont point descendus de Noé, il est necessaire de conclure qu'ils ne sont point hommes, puisque tout le genre humain, comme dit l'Escriture, a esté renouvellé par luy. Où ce mot de genre est à remarquer : car Moyse, pour nous faire cognoistre qu'il n'y a point d'autres hommes que les Adamiques, en a compris l'espece sous un mot generique.

Mais pour joindre de plus près cette opinion que nous combattons, et toucher le particulier de la nature de ces pretendus hommes Satyres, il nous faut venir à l'immortalité, ou mortalité de leur estre : car ce discours nous fera cognoistre à veue d'œil, que tels hommes sont pures chimeres et qui n'ont point d'autre existence que dans l'imagination de ceux qui ont controuvé cette impieté.

Toutes les choses que l'on peut dire immortelles, le doivent estre, ou selon toute leur nature entierement comme les Anges, ou bien selon quelque partie comme l'homme, lequel survivant à la moitié de soy-mesme jouit d'une immortalité partiale, jusques à ce que Dieu, par un miracle efficace de la resurrection du Verbe eternel, rendant à son corps mort une vie posthume, le donne tout entier à l'eternité. Mais les Satyres, ny en l'une, ny en l'autre façon ne peuvent estre immortels. De dire que dès leur creation ils ayent esté douez de l'immortalité selon la totalité de leur estre, et qu'ils soient au mesme estat de vie que les enfans d'Adam pouvoient esperer sans le peché de leur pere, cela ne se peut imaginer. Car croissant et multipliant en leur espece, ainsi que Dieu commanda à toutes les creatures qu'il mit au monde, et ne touchant jamais le dernier point de leurs jours, les astres du firmament, et les sables de la mer seroient facilement nombrables aupres de leur infinité. L'on ne douteroit plus à present si les Satyres seroient hommes, car les rencontres trop frequentes et ordinaires que l'on en feroit, nous auroient donné une entiere cognoissance et certaine de ce qu'ils sont. Il ne seroit plus besoing de les aller chercher dans les antres des bois et des deserts, car tous ceux qui seroient nez, survivants à tous les siecles du passé, pourroient à peine trouver l'estendue de la terre assez spatieuse pour les contenir. Si bien que, pour deffendre une faulseté, il faudroit faire une impieté, et dire qu'ils sont veritablement ces Pans, Ægypans, et demy Dieux du Paganisme, qui ne pouvoient estre veus (selon Servius) que quand bon leur sembloit, et qui ne rendoient point leurs oracles, s'ils n'estoient surpris yvres, endormis, et attachez de forts liens : car alors seulement ils estoient contraincts, comme un Protee, de se laisser voir librement et de parler. Ainsi le Silene de Virgile est arresté par Chromis et Mnasylus, pendant qu'il respire les fumées du vin qui l'avoient assoupy, et de la mesme sorte, Picus et Faunus furent violentez par Numa, lors qu'il voulut sçavoir d'eux l'expiation du foudre. Mais sans nous arrester à telles Fables trop foibles pour introduire une opinion à laquelle le sens commun resiste de luy mesme, nous passerons aux autres raisons qui monstrent tres evidemment que ces Satyres ne peuvent estre immortels en leur tout.

Toutes les choses du monde ont leur fin terminee, et rien ne peut subsister dessoubs les Cieux eternellement. Tout generable, dit le Philosophe, est corruptible, c'est à dire que la fin de chasque chose depend de son origine, et que tout ce qui prend sa naissance par la generation, trouvera sa fin par la corruption. Les plus sçavans Romains, dit Plutarque, estimoient que la Deesse Libitina, Deesse de la mort, estoit Venus, attribuant, non sans cause, la superiorité de ce qui concerne le commencement et la fin de la vie des hommes, à une mesme puissance de la Divinité. Car les Cieux qui sont les peres de toutes choses engendrees, ne laissent pas long temps durer leurs ouvrages, et tout ce qu'ils ont produict au jour par le meslange des quatre Elemens, ils le reduisent incontinent à ses premiers principes : ressemblant en cela ces petits enfans qui, se jouant sur le bord de la mer, dressent plusieurs petits chasteaux de sable, puis les renversent aussi-tost à coups de pierres, pour les redresser et les renverser encore apres : ils deffont eux mesmes tout ce qu'ils font, et avec la faux de Saturne, destruisent tout ce qu'ils bastissent. Et bien qu'il y ait quelqu'un de leurs ouvrages, auquel, comme par un privilege particulier, ils octroyent une plus longue duree qu'à tout le reste, encore à la fin sa course trouve un but où elle se doit terminer. Nestor a conté trois siecles entiers de sa vie par les doigts de sa main droicte, et puis il est mort : le Phœnix peut bien vivre mille ans, mais au bout de ce temps il trouve la fin de ses jours : et les sepulchres, monuments que l'on dresse pour l'eternité, n'ont-ils pas leur terme borné par les destins ? bref tout ce que la nature faict naistre, la mesme nature le faict mourir. La plus part mesme des Demons, du nombre desquels estoient les Faunes et les Pans de l'antiquité, ont esté creus mortels, par ce qu'ils estoient creus elementaires, et apres une longue revolution des siecles obeir à la reigle universelle de tout le monde. Et de leur mort les crys, et les hauts gemissements, comme de personnes qui lamentent leurs parents trespassez, ouys par plusieurs fois à travers l'air, ont esté receus pour tesmoings : ainsi qu'aux nouvelles de la mort de ce grand Pan que les Payens interpretoient pour le fils de Mercure et de Penelope, et les Chrestiens pour le crucifiement du Verbe Divin. Les Satyres donc ne peuvent estre sous les Cieux et n'estre point sujects à leur puissance; ils ne peuvent estre nez selon les communes loix de la nature, et s'exempter de la mort qu'elle ordonne à tout ce qu'elle faict naistre. Il est impossible que le corps des Satyres, faict de nerfs et d'os, ainsi qu'ils ont esté veus maintefois, basti de terre et de fange, grossier et materiel ne soit subject à la corruption, et qu'estant composé des quatre Elements, il ne se resolve aux mesmes Elements. Les Payens ont bien creu l'immortalité de l'ame; mais pour le corps, bien que leur doctrine fust en beaucoup d'autres choses erronée, ils ne peurent se l'imaginer; et ce que l'on conte de la fin de Romulus et des autres, que les peuples abusez disoient avoir esté transportez en corps et en ame dans les Cieux, estoit reputé pour fable parmy les doctes de ce vieux temps. C'estoit bien un crime parmy eux de reprouver la Divinité des ames vertueuses: mais d'envoyer avec elles des corps pesants et terrestres pour s'immortaliser, ils le tenoient pour sottise, d'où vient que Pindare dit :

> Tous corps doivent mourir : l'ame seule, à tousjours
> Vive, malgré la mort eternise ses jours.

Quelle impertinence donc seroit-ce à nous, qui sommes plus clair-voyans en cette verité, de soustenir l'immortalité du corps des Satyres, veu mesme la monstrueuse difformité de toutes leurs parties? Car cette ressemblance exterieure qu'ils ont avec le bouc, animal infect et tout corrompu, me semble une preuve assez naturelle de la corruption de leurs corps. Mais sans chercher d'autres preuves de leur mort, que l'experience, si les Satyres dont l'histoire faict mention, sont de ceux que l'on veut dire estre hommes, il ne faut point douter qu'ils ne soient mortels, puisque l'on les a veu mourir, et les corps morts embaumez, portez de pays en autre pour les faire voir aux Princes et aux Roys, et qu'il s'est trouvé, selon Pausanias, des sepulchres de Silenes et Satyres, chez les Hebrieux et Pergames.

Quant à l'immortalité partiale dont nous avons parlé, c'est à dire, par laquelle une creature se rend immortelle selon quelqu'une de ses parties seulement, elle ne peut estre, non plus que l'autre, donnée à l'homme Satyre, pour des inconveniens d'une trop energique et saincte consideration. Car cette partie immortelle du Satyre (que nous nommerons *Ame,* n'ayant point d'autre nom pour l'expliquer), par laquelle il survivroit à la mort, ne pourroit trouver aucune retraicte en l'autre vie, et l'on ne pourroit par aucun discours vray-semblable rendre raison de son estat apres la separation du corps. Les Pythagoriciens estoient bien de cette opinion, que les ames, apres la mort, trouvoient dans la Metempsychose la peine ou la felicité de l'eternelle vie, en se revestant de nouveaux corps parfaicts, ou imparfaicts, avec quelque conformité aux vertus ou aux vices qu'ils avoient exercez au monde. Orphee, Hesiode, et quelques autres, disoient que les ames des gens de bien estoient transformees en bons Anges, et celles des meschans en demons malicieux. Plutarque avec l'opinion commune estimoit que les ames des vertueux, d'hommes devenoient Saincts, de Saincts, demy-Dieux, et de demy-Dieux, apres qu'ils estoient parfaictement, comme ès Sacrifices de purgation, nettoyez et delivrez de toute passibilité, Dieux entiers et parfaicts, recevant une fin tres heureuse et tres glorieuse : et que celles des meschans, apres la sentence des Juges infernaux, estoient traisnées par les Furies dans un lieu de supplices pour estre eternellement tourmentées. Bref il n'y a jamais eu Philosophe, ny nation, qui n'ait laissé croire à son sentiment naturel, que quelque beatitude, ou quelque peine attend les hommes dans l'eternité de la seconde vie.

Mais que pourroit-on dire des ames des hommes Satyres, lors qu'elles abandonneroient leurs membres monstrueux ? que pourroient-elles devenir ? quels supplices pourroient-elles craindre, et quelle gloire esperer ? Car selon la doctrine veritable de nos saincts Livres, l'Enfer ny le Paradis ne seroient point pour elles. Quant aux tourmens de l'Enfer, ceux-là tant seulement ont subject de les redouter qui peuvent pecher, et ceux-là tant seulement peuvent pecher qui sont de la race d'Adam : car en luy seul le peché eut naissance, et par luy seulement il s'est glissé parmy le genre humain. Dans les reins d'Adam, dit un glosaire de la *Genese*, tous les hommes ont peché, et par un seul homme, dit Sainct Paul, voulant parler d'Adam, le vice et le peché est entré dans le monde. Comment donc les Satyres, qui ne seroient point de la lignée d'Adam, pourroient-ils, comme hommes, tomber dans le peché? et participants à la faute d'un pere dont ils ne sont point fils, meriter la mort comme coulpables d'un crime qui ne seroit point venu jusqu'à eux?

Et pour le regard de la gloire éternelle, elle est promise seulement à ceux que le Verbe divin par son Incarnation en a rendu capables : et la posterité d'Adam seulement y est appelée. Le Messie est venu seulement pour rendre aux enfans d'Adam la gloire qu'ils avoient perdue par la faute de leur pere, et les Satyres, ny quelque autre creature que ce soit, ne se peuvent arroger aucune participation au merite de son humanité. Ce mystere requeroit qu'il se fist entierement semblable à l'homme qu'il voulait rendre digne d'une eternité glorieuse : Le Verbe, dict Sainct Augustin, s'est revestu de l'homme tout entier, et n'a rien pris, ne plus, ne moins que luy. Quoy que l'on vueille donc supposer de la nature humaine des Satyres, Jesus-Christ ne s'estant point couvert de leur humanité, ils ne pourroient pretendre leur part aux biens immortels qu'il est venu departir aux hommes : il leur faudroit un autre Jesus-Christ et un autre Paradis.

Que si quelqu'un s'avisoit de dire que ces hommes estans impeccables de leur nature ou demeurez en l'estat de leur innocence originelle, n'auraient pas eu besoing d'un Salvateur, ains seulement les enfans d'Adam : nous respondrons que puisque les Anges, qui ont esté creez d'une substance purement spirituelle, et dont la subtilité n'a jamais rien eu de commun avec la matiere de la terre, ont peché peu apres leur creation : eux, dis-je, qui avoient esté creez en grace, auparavant que d'y estre confermez, ont forfaict contre leur Createur. Quelle impertinence seroit-ce de soustenir une impeccabilité dans les Satyres ? Et que leur ame ait peu se conserver nette de vice, estant joincte à un corps, non seulement grossier et matériel, mais demy-brutal, puisque toutes les passions, c'est à dire les vices, naissent de la terrestrité du corps ? L'on sçait trop bien que les Satyres sont tousjours mis pour exemple et symbole parfaict d'yvrognerie et de lasciveté. Et de fait, Polixene, pour rendre visible en sa peinture l'un et l'autre de ces vices, les representa sous trois Satyres la tasse à la main.

Reste à considérer la mortalité des Satyres. Quelques uns, pour establir l'opinion que les Satyres sont hommes, pourroient dire, peut-estre (comme le Prince de la Mirande semble avoir entendu) qu'ils seroient mortels en tout leur estre, à l'exemple des autres animaux, mais qu'ayant la figure humaine, la parolle distincte et articulée, et le discours interieur de la raison, ils constitueroient une autre espèce d'hommes, dont les Adamisques differeroient par la noblesse et immortalité de leur ame.

Ciceron disait du Philosophe Epicure, qui rendoit les Dieux sans action et nullement soigneux de l'Univers, que c'estoit admettre des Dieux en parolle, mais en effect, dire qu'il n'y en avait point. Ainsi l'on pourroit dire de ceux qui confesseroient la totale mortalité de l'homme Satyre, que c'est en parolle luy donner la nature humaine, mais en effect la luy oster entièrement ; car quelque degré de perfection dont une creature se puisse glorifier, quelque excellence qui la puisse rendre remarquable et admirable, quelque conformité qu'elle puisse avoir en apparence avec la noblesse de l'homme, si l'ame immortelle luy est desniée, il n'y faut plus chercher d'humanité, et le nom d'homme luy est moins convenable qu'à une statue.

L'homme est composé de deux parties toutes différentes de nature, d'origine, et de fin : le corps animal et d'une substance de corruption, né de la terre, s'en retourne à la terre, et l'Ame toute celeste creée de Dieu retourne à Dieu. Or par ce corps l'homme ressemble aux bestes brutes, et toutes les actions et sentimens corporels, il les a communs avec elles, et pour cela porte-t'il le nom d'animal, d'autant que l'animalité, ou nature animale, qui consiste aux facultez de la vie sensitive, est esgalement distribuée à l'homme et aux bestes brutes, juques la mesme que toutes les parties de la vie sensitive sont en un degré bien plus éminent aux bestes brutes qu'en l'homme. Le Cerf peut vivre huict fois autant que l'homme ; l'Aigle est si clair-voyant, dit Homere, que du Ciel il descouvre un lievre caché dans l'espais d'un buisson, le Sanglier a l'ouye tres subtile : et chacun des autres animaux a je ne sçay quelle excellence dans les sentiments au dessus de l'homme. Les Anciens, pour nous apprendre que l'homme est par le corps une véritable beste brute, le representoient soubs la figure d'un monstre, ou demy-homme et demy-cheval, ou demy-homme et demy-chevre, voulant que l'ame y fust figuree par les parties humaines, et le corps par celles de la brute. Platon faict cette distinction par un pourtraict d'autre sorte : il met nostre ame avec des aisles dans un chariot traisné par deux chevaux, representant les deux appetits qui nous sont communs avec les brutes, l'ire et la concupiscence, et Ronsard, faisant allusion à l'un et l'austre de ces symboles :

> L'homme est Centaure; en bas il est cheval,
> Et homme en haut; d'en bas vient tout le mal,
> Si la raison, qui est l'homme, ne guide
> Cet animal, et ne luy tient la bride.

Et peut estre que cette Sylla feinte au milieu des chiens aboyants, voudroit signifier encor cette mesme ame, située dans les parties animales du corps, dont les dispositions naturelles à la brutalité, sont comme des chiens tousjours aboyants à l'entour d'elle : mais l'ame immortelle est tellement particulière et incommunicable à toute autre creature, que par elle seule l'homme est faict homme. Platon, dans les erreurs de son Paganisme, a bien recogneu et enseigné cette verité, quand il escrit que l'ame differe tellement du corps, que nous ne sommes point ce que nous sommes, sinon par la vertu efficace de nostre ame, le corps n'étant qu'un je ne sçay quoy imaginaire qui nous suit. D'où vient que Socrate, chez ce mesme Autheur, dit à Axiochus, qu'un corps mort n'est plus homme, d'autant que chacun de nous est seulement son ame immortelle renfermée dans le corps comme dans une laide et ennuyeuse prison. Et Plotin davantage, que le corps n'est point partie de l'homme, ains seulement un outil et instrument, duquel l'ame, qui est le vray homme, se sert par un certain temps. Scipion l'Afriquain disoit-il pas en songe à son nepveu, qu'il ne falloit pas croire que l'homme fust ce que l'on en void à l'exterieur, mais que l'ame cachée au dedans, et qui, apres de grands services rendus à son pays en ce monde, entroit au rang des demy-Dieux dans le Ciel, estoit l'homme seulement? Ainsi donc en l'ame seule consiste l'homme tout entier, hors laquelle tout ce qu'il possede est commun aux bestes brutes, n'ayant rien dans la sensibilité du corps qui ne soit brutal. De sorte que les Satyres estant privez de cette partie celeste et divine, en laquelle consiste toute l'essence de l'homme, et dont elle est la forme, seroient privez aussi de tout ce qui faict l'homme, et toutes les actions de leur vie estant attachées à la matiere, et procedant d'un principe corporel et mortel, ils n'auroient rien de l'homme davantage que tous les autres animaux.

Mais pour venir à ces trois degrez d'excellence, la figure, la parolle, et la ratiocination, par lesquelles nous avons dit que l'on pourroit soustenir que les Satyres sont hommes : outre que ce ne sont pas qualitez qui facent partie de l'essence de l'homme, elles ne sont pas si particulieres à la nature humaine que toutes les creatures qui en sont pourveues doivent constituer une espèce d'homme, qui merite seulement d'en porter le nom. Premierement la figure humaine n'est qu'une apparence exterieure. Mitropaustes respondit un jour fort à propos à Demaratus, qui demandoit à Xerxes permission de porter en la ville de Sardis le chappeau Royal sur sa teste : « Ce chappeau que tu demandes, » ô Demaratus, ne couvriroit gueres de » cervelle, car encores que Jupiter te » donnast sa foudre à porter en la main, » tu ne serois pas Jupiter pour cela. » De mesme les Satyres, pour porter cette ressemblance de l'homme au dehors, ne sont pas hommes, et ce portraict humain ne couvre rien d'humain en leur nature. Voudroit-on dire que les statues de bronze fussent hommes? Que les Synges, les Magots, les Cynocéphales, et tant d'autres animaux qui ont un si grand rapport à nostre corps, eussent quelque chose de l'homme? Les fantosmes qui prennent la figure humaine, ces vaines ressemblances d'homme qui paroissent soudainement dans les deserts de l'Afrique, et s'esvanouissent de mesme, et ces prodiges, qui soubs l'apparence d'hommes de feu estonnent à leur aspect toute la terre, font-ils autant d'espèces d'hommes pour ce qu'ils luy ressemblent?

La voix articulée est encor moins suffisante que la figure pour prouver cette humanité. Car cette espece de Singes, animaux mortels, qui sont les vrais Satyres vivants, comme nous esperons monstrer cy-apres, ne parlent point : et nous maintenons que tous ceux que l'on remarque avoir parlé estoient demons. Mais quand ils auroient la parolle distinctement formée, elle n'est pas de l'interieure nature de l'homme, non pas seulement une proprieté qui flue de l'essence, ains seulement un simple accident, qui suit les organes du corps, qui s'altere et se change, qui peut estre, et n'estre pas, sans aucun dommage, ny diminution de l'estre humain : autrement il faudroit que ceux qui ont perdu la parole, par une ingratitude de nature, ou par une rencontre infortunée, eussent perdu quelque chose de l'humanité, et qu'ils fussent moins hommes que les autres. Ces oyseaux qu'on void si naïfs imitateurs de la voix humaine, sont-ils pourtant hommes? Et l'Anesse de Balaam, pour avoir discouru si raisonnablement, estoit-elle autre que beste? Et que sçay-je encore si les fables passant pour veritez, on ne s'imagineroit point le cheval d'Achille, qui luy annonça sa mort future, avoir esté homme?

Quant à la ratiocination des Satyres : ce n'est pas d'aujourd'huy que l'on a recogneu que les bestes brutes raisonnent en quelque façon : l'histoire des Elephans pleine d'actions raisonnables est digne d'admiration, les finesses du Renard semblent les effets d'un esprit prudent, et qui se demesle de diverses consequences : et quand, apres avoir conté plusieurs tours de Singes, l'on vient à dire que l'on en a veu jouer aux eschez, il n'y a plus à douter qu'ils n'usent de quelque discours interieur. Mais pourtant l'homme seul porte le nom d'animal raisonnable, pource qu'il est seul parfaitement raisonnable : et les autres animaux sont dits irraisonnables, pource que l'imperfection de leur nature leur desnie cette perfection. Le discours parfait de la raison est seul la forme et la difference qui fait l'homme, et toute autre ratiocination hors ce point n'a plus rien d'humain. Celuy qui n'est que d'une lieue esloigné de quelque ville, n'est pas davantage dans la ville que celuy qui en est esloigné de vingt : et le milieu d'un cercle n'est que dans un poinct; tous les autres poincts, quoy qu'ils soient proches de celuy-cy, ne sont plus le milieu. Tout de mesme la seule raison parfaite fait l'homme, et en quelque degré qu'elle puisse approcher de la perfection dans une créature mortelle, elle est brutale, et n'est rien autre chose que l'apprehension d'un animal pourveu de facultez sensitives. Autrement, si le Satyre ayant une ame mortelle, ne laissoit pas de constituer une espece d'animal raisonnable pource qu'il use de la raison, quoy qu'imparfaite, il s'ensuivroit necessairement que toutes les autres bestes brutes, pource qu'elles raisonnent, feroient autant d'especes d'animaux raisonnables, differentes seulement, selon que leurs sens, plus ou moins subtils, leur permettroient de raisonner, plus ou moins parfaictement : comme si le plus ou le moins suffisoit pour difference en la constitution des especes. Mais afin que l'on ne puisse admettre la perfection du discours interieur dans une creature mortelle : cette raison seulement est parfaite, laquelle est spirituelle et independante de la matiere, tout ainsi que le principe et la cause dont elle procede. Or l'homme seul jouit d'une telle perfection de discours, car à luy seul a esté donnée une ame de substance incorporelle, dont les actions toutes libres ne tiennent rien de la terrestrité du corps, principalement le discours raisonnable, qui est une action pure de l'intelligence, la plus noble faculté de cette forme. Mais en toutes les autres creatures dont la forme est mortelle, le discours de raison procedant d'une ame toute de corruption, dependante entierement de la matiere en son estre, et dont les facultez ne se portent point au delà du corps, ne peut estre qu'une simple apprehension materielle, brutale et tres imparfaite, qui naist et s'esteint dans leurs sentiments. Or tout ainsi que s'il n'y avoit point de Soleil, disoit Heraclitus, nous serions en une nuict perpetuelle nonobstant tous les autres Astres du Firmament : de mesme, si l'on demeure d'accord que le Satyre soit privé de l'ame immortelle et survivant au corps, il est impossible qu'il soit homme, c'est à dire animal parfaitement raisonnable, et toute autre excellence ne sera point suffisante pour luy en faire meriter le nom : si ce n'est comme aux peintures, auxquelles on donne le nom des choses qu'elles representent. Encores ne sçauroit-on, sans une irreverence impie, donner à une creature toute mortelle et monstrueuse, le nom d'homme, nom si sainct et si venerable. Moyse deffend de donner aux Dieux estrangers les noms du Dieu vivant, et les Juifs n'osoient escrire quinze par *Jod he*, dix et cinq, pource que le grand nom de Dieu, *Jehova*, commence par ces deux lettres, ains mettoient *Theth vau*, neuf et six. Pourrions nous souffrir ce nom d'homme, si sacré, divin, et mysterieux, estre commun à une beste brute avec Dieu ? Le Verbe Eternel n'a point eu d'autre nom plus agreable que le fils de l'homme, c'est le nom que David, ravi d'esprit prophetique, luy a donné : luy mesme dans l'Evangile se glorifie de ce nom, et quand nous voulons tesmoigner pleinement son amour et sa charitable humilité, nous chantons : *Il s'est fait homme.*

Parmy toutes ces raisons, encore ne

puis-je oublier, si les Satyres estoient hommes, usans du discours de raison ainsi que l'homme Adamique, qu'ils vivroient à son exemple vray-semblablement dans la societé, et auroient quelques citez pour demeures communes : car c'est le principal effect de la raison humaine, voire mesme la seule fin pour laquelle Dieu a rendu les hommes raisonnables; aussi Juvenal :

Le Createur commun de toute chose née
A seulement la vie aux bestes ordonnée
Dedans les sens du corps : mais les hommes,
    plus saincts,
Une raison celeste ont receu de ses mains,
Raison qui dedaignant les forests plus aagées,
A dans un mur public leurs demeures rangées,
Eslevant des maisons, dont les toicts habitez,
Approchez et accreus, ont fondé des citez,
Où chacun des voisins peut justement attendre
Un secours opportun, et de mesme le rendre.
D'une equitable main lever les oppressez,
Par les armes venger ceux qui sont offensez,
Asseurer le repos de celui qui sommeille,
Et dormir en son lict d'une seurté pareille.

Ceux qui se sont imaginez qu'ils estoient hommes, devoient au moins nous avoir appris quelque chose de leurs beaux faicts, leurs façons de vivre, leurs loix, leur police, et quelle contrée arreste ce peuple si particulier. Car il n'y a partie du monde que nous n'ayons visitée, il n'y a region, province, ny ville dont nous n'ayons une exacte cognoissance, il n'y a fleuves, bois, deserts, ny rochers dont les plus singulières merveilles ne soient descouvertes, et pourtant rien de ces hommes pretendus. On ne lict point que l'on ayt jamais veu de trouppes de Satyres dont les actions ressentissent leur humanité, l'on n'a jamais peu recognoistre que ces peuples fussent sur la terre. Vray-semblances, qui peuvent passer pour justes raisons en cette matiere, et legitimes preuves pour asseurer qu'il n'y a point d'homme Satyre, et qu'il ne peut y avoir au monde autre espece d'homme, que ceux qui descendent de ces premiers qu'il pleut à Dieu, dès l'origine du monde, creer à sa semblance, immortels et parfaitement raisonnables.

LIVRE II.

DES SATYRES BESTES BRUTES

PRES avoir traité ce qui concernoit l'humanité supposée des Satyres, l'ordre du discours semble nous demander ce que nous estimons donc qu'ils peuvent estre, puis qu'ils ne sont point hommes : car nous aurions en vain passé ce destroit, si estans près d'entrer dedans une mer plus libre, nous retournions au port. Il y a bien maintes choses lesquelles il est beaucoup plus aysé de faire entendre en discourant ce qu'elles

ne sont pas, qu'en voulant expliquer ce qu'elles sont, comme la matiere premiere, les formes substancielles des estres, et la nature de Dieu, selon Denys l'Areopagite. Mais pour les Satyres nous esperons faire veoir ce qu'ils sont, avec autant de facilité, comme nous croyons avoir prouvé ce qu'ils ne sont point.

Peu après la mort de Jules Cesar, le peuple de Rome cerchant de tous costez ceux qui l'avoient assassiné, un nommé Casca, craignant, non sans raison, d'estre pris pour un autre Casca qui trempoit en cette malencontreuse conspiration, tout ainsi que Helvius Cuma avait esté pris et tué pour Cuma l'un des conjurez, fit proclamer à haute voix et afficher publiquement de quelle famille il estoit, et qu'il se nommoit Caius Casca, et non pas Servilius Casca. De mesme, afin que l'on puisse reduire facilement tous les Satyres chacun en son espece, sans que la semblance du nom apporte obscurité ny confusion en la cognoissance que nous en recherchons, et les face prendre les uns pour les autres, il semble estre necessaire de traiter separément de leur nature, et monstrer clairement en quoy ils different.

Tous Satyres, pour en parler en general, doivent estre reduits sous trois principaux chefs, et divisez en trois especes. La premiere, est de ceux que l'on sçait estre animaux irraisonnables, de la nature des Singes. L'autre, de ces monstres d'abomination engendrez d'homme et de chevre. Et sous la derniere, doivent estre compris tous les fantosmes revestus de cette apparence, sous laquelle les Demons ont estonné tant de peuples, et esté adorez comme Dieux par les Payens. Et de ces trois sortes de Satyres, Singes, Monstres, et Demons, nous avons à traitter en ce discours. Que s'il se rencontroit d'aventure, comme il se peut faire, quelques prodiges nez d'homme et de femme, dont la figure retirast en quelque chose sur le corps hideux de ces demy-boucquins, il n'y a personne, je croy, qui les voulust mettre au rang des Satyres, mais seulement de ces hommes monstrueux, lesquels, bien qu'engendrez selon la reigle commune de leur espece, sont pourtant desreiglez en la conformation de leurs membres. C'est pourquoy estant hors de mon subjet, nous en laisserons la recherche et le discours à ceux qui doivent cognoistre la nature de tels monstres, et decider ce que l'on en doit croire.

Entre toutes les bestes brutes, il n'y en a point qui portent en leurs corps une plus vive image de la figure humaine, ny en leurs actions une plus naïfve imitation des animaux raisonnables, que les Singes : et entre toutes les diverses especes de Singes, il n'y en a point qui approche la nature humaine de plus près, ny qui soyent plus hommes, que ceux que l'on nomme Satyres. Aussi Galien, auquel il semble que la nature se soit descouverte, commande à ceux qui veulent s'instruire en la cognoissance des parties de l'homme sur un autre subjet que le corps humain, de faire la dissection d'un Singe, d'un Cynocephale, ou d'un Satyre. Or ceux là qui n'ont veu ces Satyres que de loin, et qui ont negligé de les regarder plus curieusement des yeux, ou contempler plus attentivement de l'esprit, s'arrestant à la forme exterieure, ont bien osé dire qu'ils estoient hommes. Mais pour lever tout scrupule et donner une entiere et facile cognoissance de ces bestes, il les faut despeindre selon toutes les particularitez que la curiosité nous a peu faire veoir chez les Naturalistes. Albert le Grand sera le flambeau qui nous esclairera le premier à l'entrée de ce chemin. Le Velu, dit-il, (car ainsi nomme-t-il ces Satyres en plusieurs endroits) est un animal du genre des Singes, mais fort monstrueux. Il est demy homme et demy chevre, a le front armé de cornes, se tient et va quelquesfois debout, et quitte facilement sa fierté brutale, et dit-on que ces Singes habitent dans les deserts d'Æthyopie. Ce n'est pas qu'il ne s'en trouve ailleurs : car ce mesme Autheur recite que l'on en prit autrefois deux, un masle et une femelle, dans les forests de Saxe (ou selon quelques-uns d'Esclavonie), dont la femelle fut tuée par les armes des chasseurs et les dents des chiens, et le masle pris vif : depuis ce Satyre estant apprivoisé, on fit en sorte qu'il s'accoustuma à marcher sur les deux pieds de derriere seulement, et à proferer quelques paroles, encore fort imparfaictement et tres-mal distinguées : et remarque cet Autheur que lors qu'il entroit en chaleur, il estoit eschauffé d'une rage d'amour si excessive envers les femmes, qu'il s'efforça mesme publiquement d'en violer quelques unes. Ælian ne donne aucun nom à ces Satyres, mais seulement escrit que dans les montagnes des Indes vers Corude, il y a de certaines bestes toutes velues fort semblables aux Faunes et Satyres, et qui portent de grosses queues, à peu prés comme celle d'un cheval : elles font ordinairement leur repaire dans les antres et aux endroits plus touffus des forests, dont elles ne sortent point sinon lorsqu'elles se sentent poursuivies des chasseurs. Car aussi tost elles courent habilement au haut des montagnes, d'où elles poussent tant de pierres et si grosses contre les chasseurs, qu'il en demeure quelquefois aucuns morts ou blessez sur la place, et tres malaisement peuvent estre prises, sinon lorsque les maladies les font trouver seules en quelque coing du bois, ou qu'estant pleines, la pesanteur de leur ventre retarde la vitesse de leur course. Outre ces deux incommoditez qui font tomber ces animaux entre les mains des chasseurs, Pline adjouste encore la vieillesse, quand il escrit, qu'au païs des Cartadules dans les montagnes des Indes, il y a des Satyres qui sont des bestes de figure humaine, courant ores debout, et ores à quatre pieds, que l'on ne peut attraper sinon vieilles ou malades, tant elles fuyent legerement : où ce Naturaliste est plus philosophe, et a mieux rencontré, que lors qu'il s'est amusé à dire que les Ægypans sont des peuples habitans sur la rive du Nil. Ce qui nous doit faire croire que le Silene qui fut pris en Phrygie par le Roy Midas allant à la chasse, estoit un de ces Singes Satyres, que la vieillesse debile et tardive fit tomber entre les mains des chasseurs : car Silene, comme nous apprenons de Pausanias, ne signifie rien qu'un vieil Satyre. Mais tout ainsi que Melanthius, interrogé de ce qui luy sembloit de la Comedie de Dionysius, respondit, qu'il ne l'avoit peu voir, tant elle estoit offusquée de langage : de mesme pouvons-nous dire que les Fables ont si bien couvert ce Silene, tellement desguisé sa nature, et conté tant de merveilles, qu'il s'est rendu mescognoissable à la posterité. Et quant aux Singes de

Paulus Venetus, ressemblant entierement à l'homme, qui se trouvent en la Province de Comare, il n'y a point de doute qu'il sont du nombre de ces animaux d'Ælian, et de ces Satyres de Pline, que l'un et l'autre met dans les montagnes des Indes : car Comare est une region des Indes toute pleine de forests : d'où l'on peut cognoistre comme Strabon s'est mespris, d'avoir accusé de mensonge et d'ineptie Dimachus et Megastenes, pour avoir dit qu'aux Indes, il y a des Pans qui ont la teste pointue et faicte en façon de coing : estant facile de juger que ces historiens vouloient entendre les Singes Satyres, qui se trouvent ordinairement en ce pays, et par la forme de leur teste signifier qu'ils sont cornus : car les mots de corne, pointe et coing, sont æquivoques. Et de faict, par ce qu'aucuns des anciens ont estimé que Pan avait jadis esté un Capitaine qui le premier trouva la disposition des armées en pointe gauche, et pointe droicte, que l'on nomme cornes et coins, on dit qu'ils donnerent au Dieu Pan en ses Statues deux cornes sur le front. Les pays froids aussi bien que l'Inde et l'Æthiopie, nourrissent de ces animaux, comme le tesmoigne clairement Herodote, lors qu'il conte que dans les montagnes de Scythie vers les Ægryppæes, habitent des hommes demy-boucs, ou chevre-pieds : faisant à sa mode un peuple de ces Singes demy-hommes et demy-chevres, ainsi qu'il a faict des Cynocéphales, qui sont d'autres Singes ayant une teste de chien. Du nom de ces Singes furent autresfois nommées les Isles Satyrides, si nous voulons croire ce que Pausanias nous en a laissé, au rapport d'un Euphemus Carien. Cet Euphemus luy conta, que navigeant avec bonne trouppe en Italie, la tempeste les porta en certaines Isles nommées Satyrides, où si tost qu'il furent abordez accoururent sur le rivage des monstres qui y habitent, tous couverts d'un poil roux, et traisnans des queues non moindres que celles d'un cheval, lesquels sans proferer aucune parolle, se jettoient à corps perdu sur les femmes d'une fureur d'amour si enragée, que pour se delivrer d'une telle violence, ils furent contraints de mettre à l'abandon au milieu de ces monstres une femme estrangere qu'ils avoient dans le vaisseau, et se retirer en haute mer. A quoy nous adjousterons seulement que les Singes Satyres, ainsi mesme que Nicephore nous l'enseigne, ont la face d'une couleur fort rouge, et les membres souples et subtils à se mouvoir diversement.

Or de cette sorte de Satyres, à mon advis, estoient ceux que Philippes Archiduc emmena à Gennes en l'an M. D. XLVIII, dont l'un estoit desja vieil, et l'autre encor tout jeune : lesquels il voulust faire voir parmy les autres magnificences qui accompagnerent son entrée en cette ville, estimant que la figure monstrueuse, et la rareté de ces animaux n'apporteroit pas moins d'ornement à cette pompe, que d'estonnement à tout le peuple. Entre ces mesmes animaux l'on doit comprendre ce Satyre que S. Hierosme escrit avoir esté porté vif jusque dedans Alexandrie, où il servit par un long temps de spectacle à tout le peuple, et depuis estant mort et embaumé, fut porté à Antioche vers l'Empereur Constantin. Albert aussi le met au nombre de ces Singes qu'il appelle les velus. Et n'en desplaise à quelques modernes, qui nous ont voulu faire accroire que ce Satyre fut celuy mesme qui se fit voir et parla à Sainct Antoine dans les deserts de la Thebaïde, le texte de S. Hierosme nous apprend tout le contraire, et l'ordre seul des temps rend cet abus trop manifeste. Car Constantin le grand, soubs lequel le corps de ce Satyre fut porté mort et embaumé en la ville d'Antioche, estoit decedé dès les trois cens trente-sept. Et cet autre Satyre, que nous monstrerons cy-apres avoir esté un Demon, ne parut à Sainct Antoine qu'en l'an trois cens quarante-trois, soubs les Empereurs Constans et Constantin.

Ce que nous lisons dans Nicephore de cet animal furieux demy-chevre et demy-Singe, qu'il nomme Pan, envoyé par le Roy des Indes à Constance, a bien de la conformité avec l'histoire de ce Singe Satyre de Sainct Hierosme, si d'aventure ce n'est la mesme chose. Car l'un et l'autre fut long temps gardé vif, et puis estant mort, embaumé, afin qu'il fust veu de l'Empereur. Mais Nicephore se trouvant non seulement contraire au nom de l'Empereur, ains faisant ce Pan different d'espece, de forme, et de nature, des Singes Satyres, il est à croire, ou qu'il s'est abusé, ou que ce Pan estoit autre que le Satyre de Sainct Hierosme, et que ces deux recits sont deux histoires differentes. Ce que l'on confirmeroit par deux fortes raisons : l'une tirée de la description de ce Pan, car il luy faict les parties superieures semblables à la chèvre et non pas à l'homme comme le Satyre, et l'autre de la ferocité qui obligeoit à le tenir enfermé. Car les Satyres ne sont pas si furieux, ains au contraire nous asseurerons avec Pline, qu'autant comme les Cynocephales sont farouches et sauvages, autant les Satyres sont de nature douce et traictable. Mais quoy qu'on vueille dire en cette occasion, on jugera tousjours que Nicephore n'a pas bien rencontré d'avoir adjousté en ce mesme lieu, que de ce Pan les anciens Grecs en firent le Dieu tutelaire des Pastres et troupeaux, comme des Singes, Satyres, les Faunes, et Sylvains : car le Dieu Pan et les Faunes, n'estoient en rien differents, n'ayant point esté formez sur divers exemples, et est tres faux que ce Dieu fust depeinct demy-chevre et demy-Singe, tel que ce Pan de Nicephore, ains demy-homme et demy-chevre, tout ainsi que les autres Satyres : et au contraire est tres vray que la couleur rouge, dont cet Historien enlumine la face du Satyre seulement, estoit aussi commune au Dieu Pan. Ainsi Virgile :

> Le Dieu Pan s'y trouva, dont nous vismes le teinct
> Sanglant de jus d'hyeble, et de cinabre peinct.

On vit jadis un de ces Satyres dans l'Arcadie, qui tourmentoit fort les pastres de la Province, et prenoit plaisir, par une malice de Singe, de destourner le bestail et le faire esgarer dans les bois d'alentour : des violences et importunitez duquel Argus Polyoptes delivra le pays, l'ayant mis à mort. Depuis l'on en prit encore un autre dans un parc sacré aux Nymphes près la ville d'Apollonie, qui fut trouvé dormant et mené devant Sylla : aucuns pourtant, contre toute raison, ont estimé qu'il estoit un de ces hommes supposez et imaginaires, et d'autres, sans aucune apparence, l'ont mis au nombre des Satyres Demons. Mais en l'histoire on ne voit point qu'il ait dit ou faict chose aucune approchant des apparitions des fantosmes : au contraire, Sylla l'ayant fait interroger par ses truchemens en toutes langues, il ne respondit jamais rien que l'on peust entendre, ains jetta seulement une voix aspre, meslee du hannissement du cheval et du beuglement du bouc : dont l'ont peut aisement cognoistre qu'il estoit une de ces bestes brutes de l'espece des Singes Satyres, qui tiennent de l'un et de l'autre de ces animaux.

Ces Satyres qu'Osiris, qui est le mesme que Bacchus, menoit avec luy dans ses armées, estoient-ils autre chose que de ces Singes? Diodore escrit qu'ils estoient veus, et furent aimez de ce Prince, parce qu'ils estoient plaisants en leurs ricanneries et agilitez bouffonnesques, dont mesme les Indiens, comme dit Lucian, prirent subject de le mespriser : et de leur nature les Satyres, à la façon des autres Singes, sont ainsi bouffons. Aussi lisons-nous dans Solinus qu'ils sont forts plaisants à veoir, ne pouvant s'arrester en place sans se mouvoir et faire tousjours quelques soubresaults et gaillardes gesticulations. C'est pourquoy nous voyons aujourd'huy que les grands Seigneurs ont de coustume de faire traisner à leur suitte de pareils animaux. Ce qui n'estoit pas moins ordinaire parmy les Princes de l'antiquité, ainsi qu'il est notoire par exemple de Salomón, qui s'en faisoit apporter de Tharsis, de trois ans en trois ans. Et les Cercopes que Plutarque escrit avoir esté les flatteurs d'Hercule, comme les Satyres de Bacchus, si l'on regarde seulement le nom, estoient des Singes communs, dont il prenoit son passe-temps, comme Bacchus des Singes Satyres, et que les Fables par allegorie ont dit avoir esté hómmes comme les Satyres demy-Dieux.

Les Satyres donc, pour en tirer le pourtraict racourcy, sont animaux irraisonnables du genre des Singes, tous velus et couverts d'un grand poil de couleur rouxastre, dont mesme ils ont esté nommez les velus. Ils ont les parties superieures, la teste, les mains, et le corps, semblables à celles de l'homme, avec quelque legere difference seulement : car ils ont la face rouge, et des cornes aux deux costez du front : et les parties inferieures depuis l'estomach, ils les tiennent de la chevre, excepté seulement la queue, qui de forme et de grosseur ressemble à celle d'un cheval. Ils marchent quelquefois debout comme l'homme, et le plus souvent à quatre pieds comme les autres brutes. Ils sont fort vistes et legers à la course, et leurs membres souples et disposts pour faire gaillardement plusieurs soubresauts et gesticulations : et bien qu'ils soient lascifs enragement, au temps que le naturel desir d'engendrer les espoinçonne, ils sont pourtant de nature douce et facile à appriviser. Leur retraitte est tousjours dans les deserts aux creux obscurs des antres, ou dans les plus profonds recoings des espaisses forests. Et quant à la voix articulée que quelques-uns ont voulu dire estre aussi familiere aux Satyres qu'aux hommes, cela ne se trouve point en ces animaux; car de leur nature ils ne parlent point, jettant seulement une voix aspre, entremeslée du hannissement d'un cheval et du beuglement d'un bouc. Il est bien vray qu'ils ont cela par dessus les autres Singes, qu'avec une grande peine et un long temps, on peut leur apprendre deux ou trois parolles : encore ne les peuvent-ils proferer si intelligiblement que les oyseaux qui sçavent parler, ains les confondent sans se pouvoir faire entendre, à la façon des petits enfans qui commencent à jargonner.

Voilà quelle est la forme et la nature de ces Singes, dont le nom de Satyre estonne plus que tout le reste, à cause de ces Dieux champestres que les Payens ont ainsi nommez. Mais par l'etymologie du mot de Satyre, il est aisé de recognoistre que ce nom a esté donné premierement à ces animaux avec juste raison selon leur nature, et depuis par comparaison à toutes les autres choses qui leur ressembloient. Car ce mot de Satyre est derivé, selon quelques uns, du nom Grec, qui signifie la partie qui faict l'homme, estant donné à ces Singes pour denoter leur lasciveté prodigieuse, et Silene du verbe Grec, qui signifie, grincer les dents : car soit qu'ils facent mine, ou de rire, ou de gronder, ils retirent les levres en haut et en bas, laissant leurs dents et leurs gencives toutes descouvertes.

Or, pour remanier en passant la principale question de tout ce discours, il n'y a personne si peu versé en la cognoissance de soy-mesme, qui voulust dire que ces Satyres fussent des hommes, ny si peu raisonnable que d'en faire des animaux raisonnables. Car il est trop clairement hors de doute que ce sont veritables bestes brutes, qui vivent dans les lieux desertez à l'esgal des autres, selon les simples mouvements que la nature leur donne, sans autre raison que les sensibilitez et cet instinct naturel commun à tous les animaux irraisonnables. Et sans perdre le temps à la preuve d'une chose trop manifeste, nous determinerons de tous ces Satyres, ce qu'Albert le Grand escrit de celuy-là qui fut pris dans les forests d'Esclavonie, qu'ils n'usent d'aucun discours de raison, n'ayant rien d'humain, comme dit Mela, que je ne sçay quelle apparence exterieure, encore toute diversifiée de monstrositez.

LIVRE III

DES SATYRES MONSTRES, ET QU'ILS NE SONT
POINT HOMMES

'IL est vray que cest Orateur Romain, Antonius Julianus, fut loué de ce que ayant à discourir sur le subject de quelques secrets mysteres d'amour, il se couvrit la face d'un voile, que dois-je attendre en cette rencontre, en laquelle je n'ay pas à traicter d'une passion que la nature ait rendue licite, mais des effects monstrueux des sacrileges commis contre ses sainctes Loix?

Devrois-je pas non seulement me couvrir le visage, mais chercher des tenebres plus que Cimmeriennes pour me cacher tout entier, ou bien sacrifier moy-mesme en cet endroit ma main et ma plume au sage Harpocrates? Mais puis que le subject entrepris ne me permet pas d'enfermer dedans le silence une partie si importante, je m'efforceray de couvrir si discrettement, sous l'ombrage d'un style resserré, les difformitez de ce passage, et le rendre si innocent, que les ames mesme plus religieuses y trouveront autant de satisfaction, que le discours en est nouveau, et l'intelligence necessaire.

Encor que la nature, c'est à dire, Dieu, à la creation de toutes les causes, leur ait donné des inclinations certaines et reglées, au mouvement desquelles elles produisent des effects conformes à leur estre, et que toutes les parties de l'Univers agissent les unes parmy les autres, sans troubler leurs operations, ny entreprendre de faire ce à quoy elles ne sont pas ordonnées, il est arrivé pourtant maintefois que les agens naturels, transgressant cette loy generalle, se sont desreglez du cours ordinaire de leurs actions, et sortant hors l'estat de leur nature, engendré des choses malgré leurs propres dispositions, et contraires à l'estat de leur nature : ce que nous appellons prodiges. Ainsi les Cieux, ne pouvant recevoir aucune generation en eux mesmes, selon la Philosophie commune, à cause de leur perfection, ont faict naistre au milieu d'eux des comettes, comme les Mathematiciens nous font croire, mesme de ceux qui dans ces derniers lustres ont esté l'effroy de toute l'Europe. Le Soleil, qui pour estre unique est l'image de la Divinité, s'est monstré double, voire triple quelque fois. La Lune a quitté sa place pour heurter une autre Lune, et les Estoiles ont semblé s'arracher du Firmament pour tomber icy bas. Les Elements aussi bien que les cieux ont obey à la violence de ce desordre : l'air a faict voir des Iris ensanglantées, et faict pleuvoir des pierres et du sang. Les mers se sont entr'ouvertes, le feu a perdu sa chaleur, et la terre sa fermeté. Bref, il n'y a pas une cause du monde, laquelle, ou d'elle mesme se contrariant à soy-mesme, ou forcée d'une puissance superieure, n'ait souffert quelque divertissement en ses actions ordinaires. La nature des creatures vivantes, non plus que le reste, ne se voit pas exempte de ces desreglements. Car bien que Dieu ait mis aux sentimens de tous les animaux, et versé dans l'interieur de leur estre des propensions certaines et arrestées de se joindre chacun à son semblable, afin de perpetuer son espece, et la rendre tousjours esgalle à elle mesme, toutefois on voit assez souvent deux animaux de diverse espece, sortant des termes qui leur sont prescrits, donner naissance à des bestes qui, tenant de l'un et de l'autre, ne ressemblent ny à l'un ny à l'autre, et demeurent inhabiles à toute generation : et cela s'appelle monstres. Moyse, ce grand Prophete et Legislateur, auquel Dieu descouvrit les plus secrettes Justices de ses volontez, par Loy expresse deffendit aux Juifs de se rendre ministres de tels meslanges irreguliers : comme estant chose contraire à tout devoir raisonnable, de faire fourvoyer la nature des voyes que Dieu mesme luy a tracées et commandé de suivre.

Ana fut celuy qui trouva le premier l'invention d'avoir des mulets ; où la traduction commune porte, *Les eaux chaudes*, l'Hebraïque met, *Les mulets*, et la paraphrase, *Les forts*, à cause de la force des mulets. Action certes digne d'Ana seul et de son origine : car, estant né de l'incestueux embrassement de Sebeon et de sa mere, il eut raison de rechercher les moyens de rendre toute la nature incestueuse, pour couvrir l'opprobre de sa naissance. Encor sembleroit-il que ces actions desreiglées seroient peu condamnables, voire nullement considerables dans les bestes brutes, dont la vie et les œuvres sont indifferents au vice et à la vertu. Mais en l'homme, qui par la raison usurpe l'empire du monde, et s'esgalle à Dieu, y voir un si detestable esgarement de nature et d'esprit, cela semble non seulement hors de vray-semblance, mais un sacrilege à l'imaginer. Il est neantmoins aussi certain qu'incroyable qu'il s'en est trouvé, dont les desirs ont esté si desordonnez, l'humanité si brutale, et la raison si desraisonnée, que de rechercher l'assouvissement de leurs appetits enragez hors les inclinations naturelles de leur espece : et qui ont donné par ce moyen la naissance à des creatures abominables, l'horreur du Ciel, l'effroy de la terre, et qui portant en leur corps la figure humaine meslée avec la brutalle, decelent par un juste jugement de Dieu la honte et l'infamie de leurs parens. C'est ce qu'ont voulu signifier les ingenieux inventeurs de Fables, qui disent qu'en la guerre des Geans contre les Dieux, pendant que la Lune fut desvoyée de son mouvement ordinaire, et qu'elle se leva d'autre costé que dont elle avoit accoustumé, nasquirent des monstres, et force animaux d'estrange figure, icy bas. Ayant voulu, soubs ce desvoyement de la Lune, comprendre les desirs forcenez et les fureurs d'amour contraires au cours ordinaire de la nature : car la Lune n'est autre que la Deesse Venus. Aussi les Ægyptiens l'invoquoient en leurs amourettes, et Isis, qui est la mesme Lune, preside, comme disoit Eudoxus, et gouverne les amours.

Qui ne sçait l'origine de ce Minotaure, plus honteux aux Cretois, que dommageable aux Atheniens? Et que ne presumera-t'on point des prodigieux accouchements d'Alcippe et Glaucippe? Ce moustre demy-homme et demychien, ne donna pas moins d'effroy à toute l'Italie, sous Pie VI, que ce chien adultere d'estonnement aux Juges Romains, et cet Hippocentaure nouveau né, d'admiration aux Philosophes de Grece chez Periander. De cette sorte de monstres sont les Satyres, que nous comprenons sous la deuxiesme espece, dont les membres diversifiez de deux natures sont indices trop certains de leur origine. Le Chevrier Crathin, de qui la mort ne fut pas seulement l'effet d'une nouvelle jalousie, ains le tesmoignage d'un celeste courroux, fut pere d'un Satyre monstre, demy-homme et demy-chevre, que les habitans du pays mirent au nombre des Dieux, et adorerent sous le nom de Sylvain, ou Napæe. Tel sans doute fut ce Dieu Pan dont Penelope accoucha, mettant son honneur à l'ombre du desguisement en bouc d'un Mercure supposé : à l'exemple de Philire, qui cacha l'infâme naissance de Chyron, soubs la figure chevaline de Saturne, et encore d'Ixion, qui fit croire que les

Centaures furent engendrez dans les nues, et non pas dans les haras de Magnesie. Et s'il est permis de philosopher sur l'histoire, il faut dire que Valerie, qui se precipita pour l'horreur de son crime, ayma mieux confesser un inceste avec son pere, que d'avouer une impieté moins humaine et naturelle, qui la fit accoucher d'un eufant, que les Latins nommerent Sylvain (du mesme nom que le fils de ce Chevrier Crathin) et les Grecs Ægypan : car de ces nopces ainsi prodigieuses et desnaturées, dit Plutarque, sont procedez les Ægypans. La prodigieuse salacité des boucs de Mendes, rapportee par Pindare et Herodote, qui les a faict prendre à quelques uns pour incubes, et la vie solitaire de la plus part des habitans de ce pays, qui sont presque tous Chevriers, ont peu vray-semblablement mettre au jour plusieurs de ces Satyres monstrueux : et Virgile semble avoir voulu toucher en passant la generation de ces monstres demy-hommes et demi-chevres, quand il chante des forests où Evander avoit basty sa ville :

> Les Satyres jadis habitoient ces deserts,
> Naturels citoyens de ce pays sauvage,
> Parmy des hommes nez des chesnes entrou-
>   verts,
> Qui de l'honnesteté ne sçavoient point l'usage.

Comme s'il vouloit dire, que la raison grossiere et brutale des Pastres qui frequentoient ces lieux deserts, ne pouvant resister à la fureur desordonnée qui les agitoit, les rendoit peres de ces Satyres, dont on en voyoit quelques uns seulement vivre parmy eux. Je dis quelques uns seulement, car de penser qu'il y puisse avoir des peuples entiers et grand nombre de ces Satyres monstrueux, il seroit ridicule ; parce qu'estant Hybrides, c'est à dire, nez d'animaux de deux especes differentes, ils sont du tout incapables d'engendrer, et estouffent leur race en eux mesmes, sans pouvoir renouveller aucun estre ressemblant tant soit peu à ceux dont ils ont pris naissance. Alexandre Aphrodisee, demandant pourquoy les mules n'engendrent point, tranche tout court, que c'est à cause qu'elles sont nées d'animaux de diverses especes. La raison est, que par la confusion de ces deux natures qui sont diverses d'habitudes et de qualitez, il se faict un troisiesme estre, lequel n'estant ny l'un, ny l'autre, destruict en sa generation toutes les facultez productives de l'un et de l'autre : comme nous voyons, au meslange du blanc et du noir, naistre par la totale corruption de ces deux principes, une couleur brune, laquelle ne sçauroit plus estre ny l'une ny l'autre. L'on dira, peut-estre, de ces Satyres demy-hommes et demy-chevres, et de ces autres monstres ou l'humanité n'est point confuse, ains joincte seulement à la brutalité, que les deux especes ne s'estant point meslangées comme aux mulets, aux leoparts, et autres tels animaux Hybrides, les dispositions naturelles necessaires à l'entretien des especes, se seroient conservées entieres aux unes et aux autres parties de ces corps monstrueux : mais pourtant il ne s'ensuivroit pas que ces Satyres fussent capables d'engendrer. Car la matiere dont se faict l'animal decoulant des parties superieures qui sont humaines, apporteroit avec elle des habitudes et qualitez propres à la generation de l'homme : et venant à tomber pour se cuire dans les inferieures, qui sont de bouc, et disposées à autre effect, elle perdroit telles qualitez humaines en cette preparation, et seroit rendue incapable de toute action. Et d'ailleurs les habitudes de ces parties inferieures enclines à la production d'un bouc, travaillant sur une matiere ingrate et repugnante à leurs operations, se destruiroient elles mesmes sans rien effectuer. Ainsi, bien que les habilitez productives, qui sont dans les deux diverses natures de ces Satyres, ne fussent point corrompues en la matiere dont ils sont engendrez, elles s'aneantiroient tousjours en celle qui leur seroit necessaire pour engendrer.

Les Juifs, poussez d'une juste et saincte apprehension de veoir naistre de ces monstres, decernerent peine de mort contre l'un et l'autre de leurs parents, ce qui s'observe encore aujourd'huy. Et les Payens, esmeus d'un pieux estonnement quand ils naissoient, apres certains sacrifices de propitiation les enterroient vifs, ou les precipitoient dans les ondes expiatoires de la mer. Mais s'estant la Religion Chrestienne accreue, et telles ceremonies peu à peu intermises, et en fin abolies, les Historiens, comme escrit Ammian, ont negligé depuis de faire mention des monstres qu'ils ont veu naistre.

Or ces Satyres, bien qu'abominables en leur origine, et si estranges en la conformation de leur nature, nous obligent pourtant à disputer leur humanité : non pas sçavoir s'ils font une espece d'homme differente des Adamiques, car nous avons suffisamment discouru qu'il n'y en peut avoir : mais simplement s'ils sont hommes (bien qu'ils soient nez en partie de la semence d'Adam), c'est à dire, si tels monstres demy-bouquins peuvent avoir une ame spirituelle et immortelle pareille à celle des vrays hommes entiers et parfaicts. Question peut-estre qui semblera grande à quelques uns, mais à mon advis tres facile à resoudre. Il est bien vray que d'abord les trois parties principales de leur vie, qui n'ont rien que d'humain, semblent tesmoigner l'immortalité de la forme qui les anime ; et cela seroit bien considerable si l'ame immortelle, à l'exemple des autres formes naturelles, se tiroit de la puissance de la matiere, quand les dispositions y sont introduites. Mais venant d'ailleurs, et tombant des mains de Dieu dans un corps propre à la recevoir, cette preuve, tirée des principes materiels d'une vie simplement naturelle, est trop foible en cette occasion : veu mesmement les puissantes raisons qu'il est facile d'opposer à l'encontre. Pour faciliter donc la certitude de cette verité, nous en establirons le discours sur cette division, que le subject semble requerir de luy-mesme : ou l'ame immortelle du Satyre monstre, se conjoignant à son tout, informeroit les parties de son corps qui sont mesme engendrées de la beste brute, ou seulement celles qui procedent de l'homme. Et ayant monstré clairement que l'un et l'autre est impossible, et non moins repugnant à la Religion, que contraire à la nature, il sera necessaire de conclure que ces monstres, n'ayant rien plus que la vie et les sentimens, sont totalement subjects à la mort.

Quant au premier membre de nostre division, ce n'est pas seulement une maxime de Philosophie, que les formes naturelles ne peuvent donner l'estre à autres matieres qu'à celles qui leur sont justement proportionnées et qu'une mutuelle convenance rend propres à cette information : ains une reigle certaine et constante dont la nature ne se desvoye jamais. Or dans ces Satyres, les parties de leur corps engendrées de la chevre ne peuvent avoir aucune proportion à l'ame spirituelle, et quelques dispositions qui s'y puissent introduire, elles ne peuvent estre vivifiées que d'une ame brutale et mortelle; d'autant qu'il ne se peut faire qu'une matiere reçoive l'estre d'une forme differente d'espece de celle à laquelle elle est convenable. Aux bestes brutes, dés lors que la matiere est preparée à la vie, il en sort naturellement une ame qui l'informe aussi tost, et à laquelle seulement elle est proportionnée. Mais en l'homme, le corps estant formé de toutes ses parties, attend quelque chose de plus grand qu'un principe de sensibilité, et reçoit un esprit, à l'information duquel il a seul une legitime convenance. Aussi Dieu crea le corps et l'ame des bestes brutes en un mesme instant, pour nous monstrer que par tout où est leur corps, là est leur ame sensitive. Mais pour creer l'homme, il en prepara la matiere et en ordonna les membres, puis y versa le soufle de vie, cet esprit qui nous faict mouvoir; afin que nous peussions cognoistre que cette parcelle de la Divinité, l'ame immortelle, n'a rien de commun avec le corps des bestes, et qu'elle sera seulement infuse dans ceux, lesquels estans nez de la mesme terre dont il fit le premier homme, seront informez dessus le mesme modele. Il me souvient icy de Xenophon, quand il dit que le bon mesnager a chez soy un lieu propre pour les ustensiles destinez à l'usage des sacrifices, et un autre pour la vaisselle de table : qu'ailleurs sont les instruments de la guerre, et ailleurs les outils du labourage, sans qu'il les confonde jamais, et en transporte aucun hors du lieu qui luy est ordonné. La nature, guidée de la main de Dieu, en faict presque de mesme : elle a diverses matieres, qui sont comme les lieux propres à diverses formes; en celle-cy elle a de coustume d'y en mettre aucunes, et en celles-là d'autres, sans que jamais elle en trouble l'ordre, et transfere une forme dans une matiere qui n'est pas destinée pour la recevoir. Il est impossible que dans une fleur née de semence de rose et preparée à cette forme, celle d'un œillet soit transmise. L'on ne voit point qu'un animal produict d'une matiere de lyon, et disposé à cette forme, reçoive jamais celle d'un cheval. De mesme ne se peut-il faire dans ces Satyres, que les parties conceues d'un matiere brutale, engendrées d'une beste, et preparées à l'ame qui leur est naturelle, soient capables d'estre vivifiées de la forme de l'homme, et unies à un estre spirituel, avec lequel elles n'ont aucune conformité. A ceux-là qui pourroient croire telle conjonction de deux choses si contraires, seroit facile de persuader que l'ame de Pelops informoit son espaule d'yvoire, et celle de Pytagore sa cuisse d'or : car les parties brutales d'un Satyre monstre sont aussi peu proportionnées à l'ame spirituelle, que l'yvoire et l'or. Mais à propos de Pytagore, ce Philosophe, qui enseigna la transmigration des ames humaines dans de nouveaux corps après la mort, n'a pourtant jamais pensé que l'ame spirituelle de l'homme entrast dans le corps d'une beste brute pour luy donner la vie. Car, comme toute sa doctrine estoit cachée au populaire sous des intelligences ænigmatiques, aussi entendoit-il par cette metempsychose, au rapport des bons Autheurs, que les vices impriment des tasches et qualitez terrestres dans les ames, lesquelles, leur demeurant mesme apres la mort, sont comme un corps qui les suit par tout, et qui sert d'un vestement grossier à leur spiritualité contaminée. Mais si nous confessions que l'ame immortelle donnast vie aux parties brutales de ces Satyres, il n'y auroit point d'explication secrette à chercher; et aveuglez en la saincte lumiere qui nous esclaire, il nous faudroit avouer que reellement et de fait, l'ame humaine seroit et animeroit le corps d'une beste, encor que ce Payen ne l'ait enseigné que par ænigme.

Que si quelqu'un d'aventure s'advisoit de dire à cela, que l'ame immortelle informeroit seulement les parties brutales de ces Satyres, comme sensitive, et que s'arrestant au degré de la sensibilité, elle leur communiqueroit une vie telle que leur nature la peut esperer : il seroit facile de respondre en un mot, que cela ne leve pas ce que nous disons de la disproportion des parties brutales à la forme humaine. Car l'ame n'est point de ces causes qui agissent par le contact de vertu, c'est à dire, où elles ne sont point, et par des qualitez emanées de leur puissance, ains seulement où elle est, et sur les subjects qu'elle touche. En quelque façon quelle informeroit les parties brutales, elle y seroit en presence et substantiellement ; et en quelque lieu qu'elle soit, elle n'y peut estre à demy et jusques à certain degré d'information, mais selon la totalité de sa nature. Cette forme spirituelle a cela de particulier et de divin par dessus les autres, qu'elle n'est pas seulement diffuse dans la masse du corps, et toute dans le tout : mais encore toute entiere en chacune partie, avec telle egalité, qu'elle n'est point plus grande dans les grandes, ny moindre dans les moindres. Car quant à la diversité de ses actions, dont les unes sont plus relevées, et les autres plus basses, elle provient de la disposition des organes, desquels elle est contrainte de se servir pour operer en cette vie, et non pas d'aucune inegalité qui soit en son information. Elle sent en son tout, dict Sainct Augustin, une picqueure d'espingle faite dans la chair vive en un point imperceptible, encore que la douleur ne courre pas les sens corporels, ains demeure au lieu où se faict le sentiment. Si bien qu'estant unie à ces membres boucquins pour les animer, elle y seroit selon la totalité de son estre, l'entiere spiritualité de sa substance, et toutes les autres facultez qui la decorent : et sans aucune difference informeroit cette matiere, quoy que brutale et incapable de cette forme, avec les mesmes puissances que les plus nobles parties du corps humain : ce que nous disions estre contraire à toute apparence de raison, et au cours reglé de la nature.

Cette raison sera suivie par des inconveniens d'une si puissante consideration, qu'ils doivent estre receus pour argumens legitimes en cette matiere. Le peché originel, dont tous les hommes ont herité de leur premier pere, et pour la purgation duquel les eaux Baptismales sont ordonnées de Dieu, a long temps retenu quelques Docteurs de l'Église en doute, sans oser determiner asseurément si les ames estoient traduictes et descendues d'Adam jusqu'à nous, se communiquant l'une à l'autre cette tache originelle, ou creées de Dieu à la generation de chaque homme. Car d'un costé il estoit difficile à comprendre comment ces substances spirituelles se pouvoient ainsi reproduire : et d'ailleurs il leur sembloit comme injuste que l'ame d'un enfant mourant avant que d'avoir receu le Baptesme, fust eternellement punie pour cette faute à laquelle elle n'avoit point participé. Mais enfin ces Docteurs illuminez du sainct Esprit, ont condamné l'erreur des Pelagiains, et Luciferiains, qui faisoient descendre toutes les ames de celle d'Adam, et advoué que l'ame reçoit la tache du peché originel par l'infusion à la conjonction du corps qui luy communique cette macule, pour estre né d'un pere desobeissant : et comme dit Sainct Cyprian, par la contagion de cette ancienne mort, parce qu'il provient de la chair d'Adam Ainsi le decide Sainct Thomas en ses Questions Theologiques, nommant la chair la cause instrumentelle de ce peché. Et Sainct Augustin, determinant en fin son incertitude, escrit que la concupiscence attachée aux membres du corps, naissant avec les petits enfans, les rend coulpables du peché de leur premier pere, et que nous sommes corrompus les uns dans les autres, comme dans un vase infect et moisy. Cela donc posé pour veritable, il s'ensuivroit que l'ame immortelle de ces Satyres venant à estre infuse et à s'unir aux parties engendrées de la matiere brutale, seroit exempte de cette macule originelle et naturelle à l'homme. Car cette matière brutale, n'estant point venue d'Adam, ne la pourroit contaminer d'un peché qu'elle n'auroit point contracté. Et neantmoins cette mesme ame ne laisseroit pas d'estre entachée de ce mesme peché, par la conjonction des autres parties qui viendroient de l'homme : et estant toute entiere en chaque partie du corps, il s'ensuivroit qu'une mesme chose seroit toute pure et toute souillée, selon les diverses parties qu'elle informeroit.

Cette faute originelle me faict souvenir du Baptesme, et le Baptesme des autres Sacremens.

Il n'y a personne si peu religieux qui voulust dire que les Sacrements adorables de l'Eglise, instituez par le Verbe Eternel au salut de l'homme seulement, pour le nettoyement de ses vices et la vivification de son ame, doivent estre profanez jusqu'à cette irreverence, que d'estre communiquez aux bestes brutes. Et pourtant si l'ame de ces Satyres estoit immortelle, un corps de beste recevroit la sanctification du sacré

Baptesme, et la consecration des sainctes Huiles. Et bien d'avantage ce Pain celeste et vivant, preparé seulement pour les Anges, et pour les hommes, qui ne sont gueres moins qu'eux, seroit receu (chose indigne à penser) dans un corps de beste, et contre ce que nous chantons tout haut, donné veritablement aux chiens. Les Romains estimoient toute l'enceinte de leurs murailles sacrée, excepté les portes, pource qu'estant destinées au passage de beaucoup de choses profanes qui entroient dans la ville, ils ne croyoient pas qu'elles peussent estre sanctifiées : et par raison contraire, on peut dire que le corps estant comme la porte et le passage par où les Sacrements sont transmis en l'ame, doit avoir de soy-mesme quelque saincteté, et non pas estre ravallé jusques à la brutalité. Car bien que dans l'ame soit transfuse la grace et l'effect des Sacremens, le corps pourtant est celuy qui les reçoit, et en partage avec elle les merites efficaces de la beatitude. La chair, dit Tertulian, est le fondement du salut, et celle qui fait enrooler l'ame soubs les enseignes de Dieu. La chair est lavée afin que l'ame soit nettoyée. La chair est oincte, afin que l'ame soit sacrée. La chair est signée, afin que l'ame soit fortifiée. La chair est ombragée de la main, afin que l'ame soit illuminée du sainct Esprit. La chair est repeue du corps et du sang de Jesus-Christ, afin que l'ame soit remplie de Dieu. C'est pourquoy, se trouvant conjoincts au travail, ils ne peuvent estre separez en la recompense. Loing donc de l'application et de l'effect de ces Sacremens mysterieux, un corps brutal conceu et engendré d'une beste.

Ces dernieres parolles de ce Docteur me donnent l'ouverture à une raison dont elles seront le fondement. Car puis que la mesme chair qui a durant la vie receu les Sacrements et assisté l'ame en ses œuvres, la doit suivre en sa resurrection, et l'accompagner en la gloire, ainsi mesme que Job le tesmoigne en disant :

> Je sçay bien que moy mesme, et sans estre changé,
> Il faut qu'au dernier jour de la tombe je sorte,
> Et vestant sur ma chair la mesme peau que j'ay,
> Je verray mon Sauveur des deux yeux que je porte...

il s'ensuivroit en ces Satyres une chose prodigieuse et pleine d'impieté. Car leurs ames se venant rejoindre en la resurrection à leur mesme corps, et les entrainant avec soy dans le Ciel, ne seroit-ce pas un corps de beste glorifié, et jouissant de la possession de Dieu ? Il est bien vray, et Sainct Augustin mesme nous l'apprend, qu'en la resurrection generalle, tous les corps seront reduicts à une juste proportion, les superfluitez retranchées, les deffauts restablis, et toutes les defformitez remises à la naturelle conformation de l'homme. Mais cela ne se peut veritablement alleguer touchant ces monstres Satyres : car toutes les defformitez des corps humains ne sont que vices en la figure simplement, et non pas en la matiere, laquelle est de soy naturellement humaine, et disposée, voire mesme desireuse de cette parfaicte reformation. Mais la monstrosité de ces Satyres n'est pas seulement un deffaut en l'apparence exterieure, ains dans l'interieur de la matiere dont telles parties difformes sont procreées : et quelque changement qui puisse miraculeusement y arriver, elles seront tousjours brutales. De sorte qu'il faudroit, pour rendre les corps de ces Satyres capables de la resurrection, que telles parties fussent entierement destruictes : et ainsi la moitié de leur corps, bien qu'elle eust receu les Sacrements, et participé au travail de l'autre moitié, ne l'accompagneroit pas en la recompense.

Le second membre de nostre division n'a pas moins de repugnance à la raison, pour les absurditez estranges qui s'en ensuivroient. Car si l'ame raisonnable qui seroit en ces Satyres vivifioit seulement les parties humaines, et la sensitive les brutales, une mesme creature seroit composée de differentes matieres, et animée de diverses formes : un mesme tout auroit deux estres, et un mesme vivant deux ames. Les Ægyptiens ont bien eu cette opinion qu'il y avoit trois ames dans un mesme homme, encore subordonnées à la puissance l'une de l'autre : mais la nature nous monstre tous les jours qu'un mesme subject ne peut recevoir qu'une seule forme, et la verité nous commande de croire qu'il ne peut y avoir qu'une seule ame dans chaque animal. Ou bien disons au contraire, que ce ne seroit pas un mesme corps, ny un mesme vivant : mais comme il est tres vray, les parties superieures estant humaines et informées de l'ame humaine, ce seroit un demy-homme parfaict, joinct à une demy-beste parfaicte. Mais quel agent pourroit estre assez fort en la nature pour conjoindre deux choses si differentes qu'un corps d'homme et de beste, et faire en sorte que deux estres si dissemblables en leur matiere, si inegaux en leur vie, et si contraires en leurs ames, se peussent unir et s'attacher ensemble si estroictement, et se mouvoir si conjoinctement sans aucun contredict de part ny d'autre? Et quels inconveniens ridicules ne s'ensuivroient point de cette conjonction? Celuy qui feroit mourir un tel monstre en le poignardant aux parties superieures de son corps, seroit homicide et coupable de mort : et aux inferieures, il tueroit une chevre, et en seroit quicte pour une amende Aquilienne. Et tout ainsi que la vie de Meleagre dependoit de ce tison fatal (ou empoisonné comme disent quelques uns) au bruslement duquel elle avoit esté mesurée : de mesme la vie de l'homme qui seroit dans ces parties superieures, dependroit de celle de la chevre qui seroit dans les inferieures : et la vie de cette demy-chevre, de celle de ce demy-homme. Et lors que cette ame raisonsonnable viendroit à se separer de ce corps humain, il faudroit qu'une ame sensitive à laquelle on ne feroit aucune violence, cessast de faire vivre un corps brutal : et de mesme au rebours. Les moindres actions contre la justice raisonnable, que ce Satyre feroit par les parties humaines, le rendroient coulpable : et les plus grands crimes par les brutales, ne pourroient pas seulement faire dire qu'il seroit vicieux. Et mille autres telles impertinentes absurditez qu'il seroit aisé d'arguer, si l'ame immortelle dans le Satyre-monstre animoit seulement les membres qu'il tiendroit de l'homme. Puis donc que les parties nées d'une matiere brutale, ont tant de repugnance et se trouvent naturellement inhabiles à l'information de l'ame spirituelle, et que les humaines au contraire dans l'estat de l'animalité n'ont aucune repugnance, et sont naturellement disposées à la sensitive : nous conclurons que ces Satyres et tous les autres monstres de pareille estoffe, sont privez de cet esprit de vie, immortel, raisonnable, creé et souflé de Dieu dans les membres de l'homme à sa generation, et que ces corps monstrueux sont informez et vivifiez seulement par une ame corporelle, mortelle, et extraicte de la puissance de ces deux matieres, auxquelles elle est esgalement propre et convenable. Et que Dieu permet la naissance de ces prodiges et desreglemens de nature icy bas, non pas seulement pour accuser et prouver ensemble à la Justice universelle du monde, l'opprobre et l'impieté de leurs parents : mais encore pour d'autres raisons particulieres à sa supreme cognoissance.

LIVRE IV.

DES SATYRES DEMONS

'Ordre premier estably de Dieu dans cet Univers, restant apres tant de siecles tousjours egal à soy-mesme, et le travail eternel et infatigable de la Nature, n'ont que trop manifestement tesmoigné à tous les peuples de la terre, qu'une Divinité, Esprit sainct et tout-Puissant, infus par les menbres de ce grand corps, habite en tous ses estres, et en conserve les actions au mesme estat qu'ils estoient au point de leur creation.

Les Hebrieux appelloient Dieu Machom ou Hammachom, c'est à dire, Lieu, comme toute chose estant en luy, et luy en toute chose. Et pour la mesme raison les Stoïques le faisoient de figure ronde, à l'exemple de celle de l'Univers. Car Dieu certes est ce cercle Platonique, dont le centre est universel et la circonference sans borne, qui remplit toutes choses, dit Symmache, et qui se trouve present, dit le Psalmiste, mesme dans les enfers. Les Payens, instruicts de la simple humanité, ont bien eu cette croyance qu'il n'y avoit partie ny lieu dans ce grand tout, qui ne fust assisté de la presence de la Divinité. Mais leur Religion ayant tousjours franchy les termes de la verité, dont ils ont suivy l'image et l'ombre seulement, comme si un Dieu seul ne pouvoit estre, et agir par tout de luy mesme, ils en admettoient plusieurs, ausquels ils attribuoient diverses puissances, limitées dans les diverses parties du monde, dont chacun d'eux avoit la charge, et au regime desquelles ils estoient separement ordonnez.

La Poësie fut le flambeau Nauplien, dont la malencontreuse lumiere, les faisant esgarer du juste cours de la raison, les precipita dans cette erreur où ils ont fait naufrage : car les doctes du premier aage, ainsi qu'escrit Maxime Tyrien, voyant que le nom de Philosophe estoit odieux au vulgaire, et que les merveilles qu'ils enseignoient de Dieu sembloient impossibles à l'ignorance des grossiers, furent contraincts de se faire Poëtes, et chanter sous paraboles et conceptions ænigmatiques les effects de la Divinité. Ce qui fut cause que les peuples, s'arrestant à leurs vers et non pas à leur intelligence mystique, receurent ce nombre infini de Dieux qu'ils honorerent si religieusement. Herodote nous a bien voulu persuader qu'auparavant Hesiode et Homere, l'on n'avoit point ouy parler de la race et genealogie de tant de Dieux : mais Orphee pourtant (si les hymnes que nous avons sont de ce vieil Chantre Thracien, long temps avant l'aage de ces deux premiers) avoit desja celebré par ses vers, la pluralité des Dieux qui des lors estoient reverez. De ces mysterieuses Poësies donc, sortirent les trois freres pour partager entr'eux l'Empire universel de cette superbe machine, tout ainsi qu'une succession, dont les lots furent divisez et mesurez par une enclume de fer, roullant durant trois jours entiers du sommet de l'Olympe aux abysmes de la terre. Des erreurs de cette mesme doctrine, sont venues toutes ces autres divinitez qu'ils nommoient petits Dieux, dont ils estimoient la puissance estre subordonnée à ces trois souverains, qui les avoient distribuez çà et là par le monde au gouvernement de quelque partie. Ainsi les Naiades eurent un soing particulier des eaux, Pomone des fruicts, et Flore des beautez des prairies : les montagnes furent données aux Orcades, les Dryades fomenterent la generation des arbres, et mille autres telles resveries les emporterent dans la fausse croyance de la multiplicité des Dieux.

Du nombre de ces petites divinitez estoient ces Dieux champestres, qui furent jadis adorez sous les noms de Pans, Ægypans, Faunes, Sylvains, Satyres, et Tytires, dont les Idoles furent pourtraictes d'une figure monstrueuse demy-homme et demy-chevre, ausquels ils disoient la garde des forests et des deserts avoir esté commise, et qu'ils honoroient de Prestres, Temples et Sacrifices, à l'exemple de ceux qu'ils estimoient leurs plus grands Dieux : comme l'on peut voir amplement dans les Autheurs qui ont traicté des Dieux des Gentils, de leurs Images, Festes et Sacrifices. Et bien que les Fables, confuses avec quelques rencontres de l'histoire, semblent avoir rendu ces Dieux differents les uns des autres, distingué ces noms, et diversifié leurs Festes de quelques legeres ceremonies, il est pourtant certain que tous les Satyres ont esté reputez mesmes puissances, que tous ces noms leur sont communs, et que quelques doctes Interpretes se sont efforcez de rapporter tout ce que nous en lisons à une mesme Divinité. Nous apprenons que l'Empereur Severe, apres avoir passé par toutes sortes de dignitez, et savouré toutes les delices qui peuvent allumer les cupiditez de l'homme, avoit de coustume de dire : « J'ay esté tout ce qu'un homme peut » estre, j'ay esprouvé toute chose, et si, » je ne suis pas encore content. » De mesme est-il arrivé de la religion des Payens : ils ont adoré tous les Dieux qu'ils se sont imaginez, receu tous ceux des pays estranges, et dressé mesme des Autels à ceux qu'ils ne cognoissoient point, et dont ils ignoroient le nom : toutefois ils n'ont peu jamais estre satisfaicts, et leur ignorance semble avoir tousjours attendu la cognoissance d'une Deïté plus saincte et plus puissante que toutes celles qu'ils honoroient. Le Diable par ses maudits artifices estoit celuy, qui les tenant aveuglez en la lumiere de leur propre Philosophie, par laquelle ils apprenoient d'eux mesme l'unité d'un vray Dieu, les charmoit et arrestoit en la reverence impie de tant de Deïtez, afin qu'adorant plus d'un Dieu, ils n'en adorassent point du tout. Car cet esprit d'orgueil et d'envie, forcenant d'une rage effrenée à la perte des hommes de ces premiers siecles qu'il a tyrannisez avec tant de violence et d'astuce, et tirant ses advantages de leur aveuglement : si tost que par les Sacrifices dont ils honoroient la memoire de quelque Prince sage et vertueux, ou que par une action extraordinaire en la nature, et miraculeuse à leur stupidité, il les voyoit disposez à la veneration de quelque nouvelle Deïté, il s'y jettoit à la traverse, prenoit possession des lieux propres à la demeure de ces Dieux imaginaires, et par des oracles douteux et des effects d'une puissance surnaturelle, leur versoit en l'ame la mescognoissance de ce qu'il estoit : rendant par ce moyen notoire cette verité prophetique, dont nous apprenons que tous les Dieux des Payens estoient des Demons malitieux, qui soubs l'ombre des tenebres de leur ignorance ont usurpé le nom, les honneurs, et l'authorité simulée de Dieux.

Que n'a point faict ce Prince de mensonge dans le culte des Faunes et Satyres? et quelle puissance ne s'est-il point arrogée à l'ombre de cette croyance religieuse? On dit que les Archers de Saül, allant de sa part pour surprendre David en sa maison, ne trouverent qu'une vaine statue coiffée d'une peau de chevre, que Michol son epouse avoit dextrement supposée dedans son lict.

Ainsi les Payens, au lieu des Dieux qu'ils pensoient avoir trouvez dans les Forests et Deserts, n'y adorerent en effet que des fantosmes demy-boucs, et mauvais Demons, qui suivant leur dessein ambitieux de s'esgaler au Tres-Haut, se firent adorer pour Dieux.

Qui ne sçait les oracles que le Dieu Pan a rendu jadis en l'Arcadie, dans ce Temple dont la Magicienne Erato, qu'ils nommoient Nymphe, estoit la Prestresse ? Et qui n'a ouy parler des oracles de Faune en Italie, dont les responces annoncerent au Roy Latin, dormant sur les peaux des chevres sacrifiées, que les destins reservoient sa fille pour un Prince estranger ? Qui n'a leu que Pan fut celuy qui apprit autrefois à l'Apollon de Delphe la science de deviner ? Et qui peut ignorer que le nom de Faune est tiré, selon Servius, du Grec *phoni,* qui signifie la vie, ou plustost du Latin, *fari,* c'est à dire parler, dont mesme il fut appellé *Fatuus,* et sa femme *Fatua* : parce que ces Demons boucquins rendoient jadis aux Deserts leurs oracles de vive voix, en vers, qui furent nommez Saturniens ? Mais qui ne dira que ces Propheties, quelquefois inexplicables et tousjours tromperesses, estoient les effects des ruses malicieuses de Sathan?

Les terreurs soudaines, que l'on nommoit Paniques, parce que le Dieu Pan en estoit reputé l'autheur, souvent excitées par des Demons visibles en l'apparence de Satyres, estoit-ce pas une autre invention de Sathan, pour vaincre les peuples par la crainte, et les jetter dans un timide respect de la puissance qu'il usurpoit ? Quelquefois ces mesmes Demons excitoient ces vaines frayeurs, par des bruicts semblables aux sons enrouez d'un cornet d'airain, que ces pauvres Idolatres pour ce subject mirent en la main de Faune dans ses Images : et souvent par une voix horrible que mille trompettes ne peuvent esgaler, et dont la terreur, dit Valere, surpasse de beaucoup l'armet esbranlé du Dieu Mars, les cheveux serpentins des Eumenides, et la gueule beante de la fiere Gorgone. Quelquesfois ils se contentoient d'effrayer les troupeaux, et, leur ouvrant les estables,

les faire musser dans les recoins des Forests : et souvent espouventoient les villes, les armées et les provinces entieres. Les fables disent que les Geants furent plus vaincus par ces vaines craintes que par les armes des Dieux : et que les Pans et Satyres qui habitoient vers la ville de Chemmis, annonceant aux peuples la mort d'Osiris, leur jetterent dans le cœur avec cette nouvelle un tel effroy, que, depuis, toutes les soudaines frayeurs furent nommees Paniques, du nom des Pans, qui les esmouvoient. L'histoire nous apprend que les anciens Gaulois furent jadis repoussez de Delphes par ces Demoniaques estonnements, que la ville de Carthage en fut mise en trouble, l'armée d'Antoine en confusion, et la flotte de Philippe en fuitte, bien que telles frayeurs soient rares sur mer. Les Romains se trouvants en grande detresse pour ne sçavoir qui avoit eu du bon ou du pire en la bataille qu'ils avoient donnée contre les Toscans, une voix fut ouye la nuict, qui leur annonça qu'il en estoit mort un davantage du costé des Toscans, dont aussi tost la joye s'espandit sur le camp des Romains, et une terreur secrette sur celuy des ennemys qui acheva de les perdre. D'où provenoit cette voix que d'un Demon ? et qui auroit peu si promptement et si justement conter vingt-trois mille corps, qui estoient morts de part et d'autre en cette rencontre, sinon l'un de ces esprits qui voyent et conçoivent les choses en un instant ? Pour action de grace les Romains dresserent un Autel au Dieu qui les avoit ainsi favorisez, dont l'inscription estoit en leur langue : *A Jupiter Faune*, et selon la Grecque, *A Jupiter l'Espouvanteur*. Car tous les Faunes et Satyres n'estoient pas seulement reputez mesmes demy-Dieux, c'est-à-dire, mesme Demons, mais aussi Jupiter et Pan n'estoient en rien differents. Ce que l'on recognoist par l'inscription de cet Autel sacré au Dieu autheur des terreurs Paniques, et par les vers d'Orphee, qui nomme Pan, Jupiter cornu, et autheur des soudaines frayeurs, qu'il envoye jusqu'aux derniers bouts de l'Univers.

Dois-je oublier en cet endroit ce que Theocrite faict dire à son Chevrier de l'aspre cholere et cruauté du Dieu Pan au milieu du jour ?

> Non, Berger, il ne faut nos chansons reciter
> A l'heure de midy ; Pan est à redouter,
> Qui lors va deschargeant d'une rage maligne
> La cholere qui pend tousjours à sa narine.

Ce que l'on peut avec raison rapporter à ce que nous lisons dans le Psalmiste du Demon de midy, et dire que le Pan des Payens estoit le *Keteb* des Hebrieux, dont la rencontre estoit estimée dangereuse au milieu du jour, contre l'ordinaire des Demons, lesquels estant enfouis dans des tenebres eternelles, executent leur malice dans l'obscurité de la nuict. Les doctes interpretent diversement en ce passage, ce mot de *Midy* : les uns disent que ces termes *Desert* et *midy*, sont quelquefois usurpez l'un pour l'autre dans les sainctes Escritures, et que par le Demon de midy il faut entendre le Demon du desert. Et les autres qui ne veulent pas expliquer ce temps de midy pour la plus haute heure du jour, le prennent pour une rage audacieuse du Demon, qui ose mal-faire en plein jour, et forcener visiblement. Ainsi mesme que quelques-uns ont interpreté ce texte de Sophonie : *Ils les chasseront à midy*, comme s'il disoit : Ils les vaincront à guerre ouverte, et non point à la desrobée. Or l'une et l'autre de ces explications ne sont pas seulement conformes à nostre opinion, mais aussi la confirment entierement. Car Pan et toute la trouppe des Sylvains, estoient les Demons du desert, comme nous monstrerons cy-apres. Et ce Dieu Satyre avoit de coustume d'exercer ses cruautez et turpitudes demoniaques, en plein jour, et tourmenter les hommes et les femmes à la veue de tout le monde, dont la mort de ces neuf personnes qu'il fit mourir en la Carie, pour les avoir seulement rencontrées en son chemin, servira de preuve suffisante. Porphyre escrit que Faune estoit nommé Dieu cruel et pestilent: ce que les diverses traductions de ce passage du Psalmiste semblent avoir voulu remarquer. Car l'Hebraïque porte, *L'exterminateur de midy*, et la nouvelle, *La peste de midy:* et le mot Hebrieu *Meririm*, selon quelques sçavants, signifie Demons de midy, ou bien air pestilent. Aussi les Payens honoroient le Dieu Faune, comme les Eumenides, la fievre et Pluton, seulement pour addoucir sa fierté, et de crainte qu'il n'affligeast les peuples de quelque funeste mal'heur.

Or c'estoit une vieille coustume des Romains, qu'ayant esté quelque personnage, par les communs suffrages du peuple, eslevé à la dignité Royale, il montoit au Temple de Jupiter Capitolin, où après les offrandes faictes aux Dieux, il se revestoit de la robe Royale, et prenoit les superbes enseignes de la souveraineté qui luy estoit concedée : puis en cet equipage magnifique, venoit sur la place se faire voir au peuple qui le recevoit avec grandes acclamations : ainsi lisons-nous qu'il fut pratiqué en la personne du religieux et pacifique Numa, et depuis en l'election des Capitaines et Magistrats de Rome. Il semble que l'on pourroit dire avec raison que le mesme est arrivé de tous les Demons qui ont esté par les anciens reverez avec tant de sainctes ceremonies. Car si tost que la superstition, par une tacite approbation des peuples abusez de quelques religieuses nouveautez, en avoit faict des Dieux, ils se retiroient dans les Temples, et les autres lieux consacrez à leur honneur : puis s'affublant à l'exterieur de la forme soubs laquelle ils estoient adorez, et des ornements convenables à la puissance qui leur estoit attribuée, se presentoient en ceste sorte en tous endroits et en toutes occasions à ces pauvres aveuglez, lesquels surpris par cet artifice se confirmoient en la croyance qu'ils avoient de ces fausses Divinitez. Ainsi fut la fausse Divinité de Castor et Pollux establie à Rome, s'estant monstrez vers la ville deux spectres soubs l'habit de deux jeunes Chevaliers couverts de sang et de poudre, le mesme jour que Persé fut vaincu par Paul Æmil en Macedoine : et ce Demon serpentin qui se fit transporter de la Grece en Italie, obligea les Romains à l'adoration d'un faux Dieu de la Medecine.

Par ces mesmes ruses et appasts, les esprits malins couvrant à toute rencontre leur invisibilité de ceste figure meslée de l'homme et du bouc, et sous telle apparence faisant plusieurs choses miraculeuses au dessus de la puissance et de l'intelligence humaine, conformes à ce que les fables contoient des Faunes et Satyres, affermirent les fondements, esbranlables à Dieu seul, des honneurs divins que les Payens rendoient avec tant de devotion à ces faux demy-Dieux, habitans les deserts, et gardiens de leurs trouppeaux. Et ces Demons ainsi revestus de ceste forme difforme, et de ceste monstruosité effroyable, constituent la dernière espéce de Satyres, dont nous avons à discourir.

Mais affin de ne nous pas arrester à un recit aussi long comme il seroit ennuyeux, de tout ce que les Autheurs ont escrit de l'apparition des Demons, sous la forme des Satyres, et des exemples sans nombre dont les Histoires font mention, nous nous contenterons pour authorité, de ce que nostre Ronsard, ce genie de la Poësie Françoise, en l'ame duquel est ressuscitée la sacrée science des vieux Poëtes, en a escrit en l'Hymne qu'il a faict des Demons, selon la doctrine d'Orphee, et de toute l'antiquité :

> Les uns aucunefois se transforment en Fees,
> En Dryades des bois, en Nymphes, et Napæes,
> En Faunes et Sylvains, en Satyres et Pans,
> Qui ont le corps pelu, marqueté comme Fans ;
> Ils ont l'orteil de bouc, et d'un Chevreil l'oreille,
> La corne d'un chamois, et la face vermeille
> Comme un rouge croissant ; et dansent toute nuit,
> Dedans un carrefour, ou près d'une eau qui bruit.

Et pour exemple il nous suffira d'en rapporter deux seulement, dont le premier sera tiré des Histoires anciennes. Ce bon coureur Philippides, estant envoyé par les Atheniens en Lacedemone, peu avant la journée de Marathon, s'apparut soudainement à luy un spectre, qui se dit estre le Dieu Pan, et luy commanda d'advertir les Atheniens, de le reverer d'oresenavant plus qu'ils n'avoient fait par le passé, luy promettant d'assister de sa faveur leurs armes contre la puissance espouventable des Perses. Aussi les Atheniens, apres l'heureux succez de ceste guerre, dresserent un Temple en l'Honneur de Pan, auquel, entre autres ceremonies, ils consacrerent une lampe tousjours ardente.

L'autre exemple est de ce Satyre qui s'apparut du temps de l'Empereur Charles le Quint, à ce fameux Magicien d'Allemagne, qui se faisoit nommer *Magister videns,* usurpant peut estre ce tiltre ambitieux, à cause que les anciens Hébrieux appelloient un Prophete du nom de *Videns,* comme voyant le futur long temps auparavant qu'il deut arriver. Ce Magicien doncques ayant promis de faire recouvrer tous les thresors qui s'estoient perdus le long des costes de Holande et Irlande, et dans le traject qui separe la France de l'Angleterre, et pour y parvenir faict plusieurs conjurations et sortileges avec trois autres de mesme mestier qui s'estoient associez avec luy, un Demon, auquel la garde de ces richesses avoit esté commise, les vint aborder soubs la forme d'un Satyre, et leur presentant un baril plein d'or, les pria de s'en contenter : mais les Sorciers s'opiniastrans pour avoir le tout, le Demon s'esvanouit incontinent, et excita, dans la serenité du plus beau jour, une tempeste si estrange dans l'air et sur la mer, que les habitans d'alentour soupçonnans ce qui estoit, et les Magiciens s'en estant apperceus, s'escarterent chacun de leur costé, dont l'un s'estant venu rendre Religieux en la ville de Paris, conta depuis à plusieurs tout ce qui leur estoit arrivé en ceste recherche.

Laissant donc à part tout ce que l'on pourroit alleguer touchant l'apparition des Satyres que certainement l'on sçait avoir esté Demons, nous viendrons à quelques Satyres dont il semble qu'aucuns ayent douté s'ils estoient Demons. Et de ceux-là, avons-nous estimé qu'il estoit à propos, pour lever tout scrupule et donner à cognoistre ce qu'ils estoient, d'en traicter plus amplement.

Ce que l'on en trouve de plus prodigieux, est de ces Satyres qui se mesloient jadis à l'impourveu parmy les hommes et les femmes, lors que l'on celebroit la feste de Bacchus sur le mont de Parnasse : car ils paroissoient en trouppe, aucuns d'eux portant des cymbales, et d'autres des tambours, leur voix estoit humaine et distinctement articulée, et ne sçavoit-on de quel endroit de la montagne ils pouvoient venir : car jamais on ne recogneut qu'il y eust de tels habitans sur cette montagne. Mais qu'estoit-ce autre chose que des Demons qui venoient assister aux ceremonies et hommages qui leur estoient rendus par les Magiciens sous ombre de Religion, prenans cette forme de Satyres, comme l'on dit qu'ils font encor aujourd'huy aux assemblées nocturnes des Sorciers, que l'on nomme Sabatz, se rendant complaisants à leurs danses et à leurs turpitudes ? Car il est certain que ces Trieteriques et ces grands mysteres de Bacchus, ces Orgyes ineffables, comme les appelle Orphee, dont les prophanes estoient chassez et les initiez seulement introduits, estoient mesme chose que ces conventicules de nuict, où seulement peuvent estre admis ceux qui ont faict paction avec le Diable, et qui tiennent la bouche close à leurs secrettes impietez au milieu des plus aspres tortures. La conference que l'on peut faire en peu de mots de l'une et l'autre de ces assemblées misterieuses, le fera cognoistre aysement. Qui ne sçait que les Sabatz ne sont rien qu'un amas de meurtriers, empoisonneurs et gens eshontez, qui s'abandonnent aux abominations des succubes et incubes? Et qui n'a leu dans Tite Live, que la confrairie de Bacchus estoit l'officine de toute corruptele, et la boutique d'où sortoient les meurtres, les empoisonnements, les faulsetez, et violements desnaturez de tout sexe et de tout aage? C'est pourquoy la Sorciere Canidia reprochoit à Horace qu'il avoit osé divulguer les secrets du licentieux amour qui se pratiquoit à l'ombre des tenebres en la feste de Cotytto, que Suidas appelle la Deïté des Cinedes et femmes desbauchées, et que l'on sçait avoir esté reverée de mesmes solennitez que Bacchus. Mais n'est-ce pas un tesmoignage plus que suffisant de l'abomination des Bacchanales, de ce que Hyspale, qui s'en estoit retirée avec horreur, oyant dire à son amy Ebuce qu'il se vouloit mettre de cette confrairie, luy respondit : « Ja à » Dieu ne plaise, et puissions nous mou- » rir plustost l'un et l'autre, que je vous » voye abandonné à ces detestations! » et de ce que les Romains userent d'une si estroicte severité envers ceux qu'ils trouverent avoir trempé en cette forfaicture, afin de renvoyer à la Grece ses impietez ? Car ce fut Orphee, dont les chansons, c'est à dire, les vers magiques, peurent faire retourner l'ombre d'Euridice des Enfers, mouvoir les arbres, amolir les rochers, et apprivoiser toutes sortes d'animaux sauvages, hormis les femmes, qui institua le premier telles assemblées, ou seulement les renouvella, selon quelques uns, dans la Thrace, dont elles furent nommees Orphea, et les Prestres Orpheotelestes : d'où l'on doit apprendre quels devoient estre les confreres de cette ceremonie, de laquelle un si grand et fameux Magicien avoit esté l'autheur. La profession que les initiez devoient tous les mois renouveller avec serment entre les mains des Orpheotelestes, et les cinq jours ordonnez en chasque mois par Proculle Minie à la celebration de ces mysteres, n'est-ce pas l'hommage et l'assistance que tous les mois les Sorciers doivent rendre à Satan ? Le Dieu qu'ils invoquoient en cette solemnité estoit le bouc des Sorciers, et de cela en avons-nous un tesmoignage irrefragable dans le nom *Attes* qu'ils alloient criant et reiterant à haute voix : car les Phrygiens, que l'on estime avoir esté les auteurs de ceste feste, nomment les boucs *Attes*, le derivant peut-estre de l'Hebrieu *Hathais*, qui signifie bouc.

De toutes les apparences dont les Demons se sont revestus, celle du bouc, animal infect et puant, et hieroglifique de toutes saletez, leur a tousjours esté la plus agreable. D'un phantosme, sous cette forme, la belle Sinonis de Iamblic se vist sollicitée d'amour dans les deserts. Ce bouc tout noir qui parut au Comte de Cornoube, portant sur son dos l'ame de Guillaume Roux, roy d'Angleterre, qu'il confessa mener au jugement du grand Dieu, estoit-ce autre chose qu'un Diable? Et qui ne sçait que les Sorciers dans leurs Sabatz ne l'adorent point soubs une autre figure? Zoroastre méme, qui les a cogneus mieux que nul autre, ne les nomme point autrement, comme il est aisé de comprendre par les parolles de Jean Pic, qui dit, que celuy qui aura leu dans le livre intitulé *Baïr*, l'affinité qu'il y a entre les chevres et les Demons, pourra bien sçavoir ce que Zoroastre veut entendre par les chevres : et quel estoit cet Azazel ou bouc emissaire du *Levitique*, que le grand Prestre envoyoit dans le desert, avec tous les pechez du peuple, sinon le Prince des Demons Satan ? Ce fut pourquoy les Demons se plaisoient à paroistre en Satyres, dont la forme avoit tant de rapport à celle du bouc, et que le Dieu Pan fut nommé par les Ægyptiens, *Mendes*, et les Faunes par les Eoliens, *Tityres*, comme qui diroit, en l'une et l'autre langue, chevre.

L'autre nom, *Evie, Evan* ou *Evoe,* que les Bacchantes avoient tousjours en la bouche, tesmoigne encor assez fortement que c'estoit le Diable qu'ils invoquoient et adoroient. Car ce mot est tiré de *Hevia*, qui veut dire, parmy les Hebrieux, un serpent. Or le serpent estoit le symbole que les initiez aux Orgyes portoient en la main, et qui leur estoit jetté dans le sein en faisant leur profession, et retiré, comme dit Arnobe, par en bas : et le serpent n'est autre chose que le Diable. Soubs cette forme il seduisit le premier homme, et le Prince de ces Demons, que Pherecides disoit avoir esté precipitez du Ciel par Jupiter, s'appelloit Ophionee, c'est à dire, serpentin. Quels estoient dans l'Escriture les Pythonisses, et ces devins qui portoient des Pythons dedans le ventre, sinon des Sorciers possedez et remplis du serpent Python, c'est à dire, de Satan?

Davantage, cette chandelle ardente que les Sorciers tiennent en la main, l'ayant allumée à celle que le bouc leur maistre porte entre les cornes, à laquelle il met le feu le tirant de dessous sa queue, comme l'on a sceu par la confession de cette Sorciere qui fut executée par Arrest du Parlement de Bordeaux, en l'an 1594, et cette lustration par le feu dont ils se purifient dès leur enfance, sont-ce pas ceremonies que les Demons ont transportées des Bacchanales aux Sabats? Orphee appelle Bacchus, semant le feu; et ce nom *Hyes*, dont les Bacchantes appelloient à hauts crys la puissance diabolique qu'ils honoroient, n'est pas desrivé, selon l'interpretation de quelques Modernes, du mot Grec *Hydor*, comme a voulu Plutarque, mais de l'Hebrieu *Haes*, qui veut dire le feu. De faict Zoroastre commande à ceux qui voyent une soudaine eruption de feu sans figure bondissant en l'air, de l'adorer et en ouïr la voix, parce, dit-il, que c'est un Demon. Ce fut pourquoy les Bacchantes avoient de coustume de porter en la main une torche ardente : Thetis qui, par une science surnaturelle, prenoit telle apparence que bon luy sembloit, voulut purifier le petit Achille estant encor au berceau, en le passant toutes les nuicts par le milieu des flammes, afin de le rendre egal aux Dieux, disent les Fables, mais en effect pour le consacrer au Demon qu'elle servoit : et Isis, qui ne fut pas moins sçavante en l'art Magique, qui faisoit mourir de son regard, comme les Telchines, les Tybiens, et ces fascinateurs d'Illyrie, et qui changeoit de forme quand il luy plaisoit, s'efforça de nettoyer ainsi par le feu tout ce qui estoit de mortel au petit fils de la Royne Athenaide, l'ayant nourry par un long temps en luy faisant seulement teter le bout de son doigt.

Reste ce cry mysterieux des Orgyes, *Saboe, Saboe*, et le surnom de Sabazien donné par les Phrygiens au Dieu que l'on y reveroit, ou Sabadien par les Thraces, dont les supposts de Bacchus furent nommez *Sabees*, et les lieux secrets choisis pour la celebration de ces mysteres, *Sabos*. Tous ces mots sont derivez du Grec *Sabazein*, qui signifie danser, à cause des danses furieuses et forcenées que demenoient ceux de cette confrairie agitez du malin esprit. Et qui n'a point ouy dire que les Sorciers vont tousjours criant l'un à l'autre dans leurs Trieteriques modernes, Sabat, Sabat, nom Demoniaque, et dont l'etymologie ne differe point de ces autres pratiquez parmy les Payens? Car de le tirer de l'Hebrieu, *Sabaoth,* qui veut dire repos, ce seroit une antiphrase trop grossiere et pleine d'impieté, veu mesme que par les Sabats l'on entend specialement les danses maudites et à contredos des Demons et Sorciers meslez ensemble, que les peuples de Dannemarc appellent danses des Hellues, du nom Danois *Helfuede,* qui signifie l'enfer. Ce n'estoit donc pas sans raison, que les Demons soubs cette figure de Satyres ou demyboucs, qui leur fut tant agreable, venoient manifestement assister à la celebration de ces anciens Sabats, et se communiquoient à ces vieux Sorciers qui les honoroient si religieusement.

Entre tous les Satyres dont l'Histoire estonne la posterité, il n'y en a point, qui violente avec tant d'effort la croyance de ceux dont la raison saincte et veritable ne peut admettre une espece d'homme Satyre, comme celuy que Sainct Hierosme escrit s'estre faict voir à Sainct Anthoine, dans les deserts de la Thebaïde. Car il discourut si raisonnablement, parla si sainctement, et joua si bien le personnage de l'homme, que le Comte de la Mirande, Vadian, l'Autheur de la Genealogie des Dieux, et les autres qui reçoivent ceste opinion, ne se fondent point sur autre raison que sur cet exemple. Il me souvient que Halcyone, dans Ovide, se pourmenant sur le bord de la mer, toute soucieuse pour l'absence de son mary Ceyx, apperceut de loing floter je ne sçay quoy sur les eaux, qu'elle avisa tost apres estre un corps d'homme sans discerner toutesfois qui estoit ce pauvre naufragé, et ne peut recognoistre que c'estoit le corps de son mary, jusques à ce que la mer l'eust jetté près d'elle contre le rivage. Ainsi ceux qui n'ont regardé ce Satyre que de loing, n'ont peu descouvrir ce qu'il estoit, et tous ces Autheurs, s'arrestant au simple texte de ceste Histoire, et ne l'ayant pas consideré de prés, se sont mespris en la cognoissance de ce Satyre. Mais comme ce Singe, qui se couvrit la teste et les espaules seulement d'une riche piece d'escarlate, faisoit cognoistre aysement ce qu'il estoit, ayant le derriere tout descouvert, et que ceste action n'estoit qu'une gentillesse de Singe : de mesme ce Satyre, bien qu'il eust pris la figure, la voix, et le discours de l'homme, nous fera voir aysement, si nous le tournons par derriere, que c'estoit un tour de Satan, Singe malicieux du Tres Hault, et que ceste apparence exterieure couvroit un Demon, dont la cautelle s'efforçoit de surprendre la croyance, et estonner la saincteté de ce bon hermite. Mais, affin de traicter ceste matiere avec une plus claire et facile intelligence, nous en deduirons l'Histoire entiere par le texte de Sainct Hierosme, sans en rien obmettre, ny rien obscurcir pour la briefveté : affin de faire toucher au doigt et à l'œil les preuves manifestes et indissolubles que nous tirerons, tant des paroles de l'autheur, que du discours de la raison.

Sainct Anthoine ayant eu de nuict revelation, qu'il y avoit dans les deserts un Hermite (qui estoit Sainct Paul) que la saincte vie rendoit agreable à Dieu par dessus tous les hommes du monde, touché d'un desir extreme de le veoir, sort dès le matin de sa cellule, se met à travers les halliers, les buissons, et les precipices, et errant çà et là, prend à l'adventure le chemin sans chemin de l'Hermitage qu'il ne connoissoit point. La premiere rencontre qu'il fit en ce voyage, fut d'un Hippocentaure, monstre demy-homme et demy-cheval, auquel il ne tint pas long propos, parce qu'il ne jettoit que je ne sçay quels accens barbares et inarticulez, et que d'une legere course il disparut soudain à ses yeux. Cet Hermite, s'estonnant et pensant à ce qu'il venoit de veoir, apperceut soudain devant luy un petit Hommonceau, ayant le nez pointu, le front armé de deux cornes, et dont les parties inferieures estoient semblables à celles d'une chevre. Alors, sans trembler à ce nouveau spectacle, il se revestit comme un vaillant champion de la cuirace d'esperance et du bouclier de la foy, et cet animal monstrueux luy offrit des dattes, comme pour ostage de la paix, dont Sainct Anthoine s'estant apperceu, il s'avancea, et luy ayant demandé qui il estoit, il en receut ceste response : « Je suis un » mortel du nombre de ces habitans du » desert que les Gentils, abusez en leurs » superstitions, ont devotement adoré » soubs le nom de Faunes, Incubes, et » Sylvains. Je suis deputé vers toy de la » part de toute ma trouppe, comme Am-» bassadeur. Nous te prions de prier » pour nous le Dieu commun que nous » cognoissons estre venu pour le salut » du monde, et sa voix a couru par toute » la terre. » De ces paroles, le bon vieillard prit subjet de detester l'Idolatrie des Alexandriens, qui adoroient pour

Dieux toutes sortes de monstres prodigieux et estranges, et soudain ceste beste hydeuse, d'une vitesse aislée, se desroba de devant ses yeux. Voilà succintement quel estoit ce Satyre, et de quels propos il entretint ce sainct homme.

Or, jaçoit que tant de sçavans personnages ayent estimé qu'il estoit homme, et que Sainct Hierosme mesme, sur Isaye, semble avoir tenu que les Faunes et Sylvains estoient des hommes forestiers, ainsi qu'il les nomme, si est-ce pourtant que je ne puis en ceste occasion adjouster mon calcul et ma febve à leurs suffrages, et soubscrire à leur opinion. Et bien qu'il peut suffire, pour prouver manifestement que ce Satyre ne pouvoit estre un homme, de dire qu'il n'y a point d'autre espece d'hommes que les Adamiques, comme nous avons discouru, encore est-il facile d'en tirer de l'interieur de ceste Histoire, des tesmoignages infaillibles, et qui me font estonner comment tant de doctes et religieux personnages ont passé par dessus, sans les remarquer, leur estant certes arrivé comme à cet Epizelus Athenien, lequel à la journée de Marathon vit un spectre devant luy, qui s'approchant et traversant sa personne luy osta la veue: car ce fantosme Satyrique semble les avoir aveuglez, et passant en leur cognoissance, leur avoir osté la cognoissance de ce qu'il estoit.

S'il estoit vray que ce Satyre fust homme, comment se pourroit-il faire qu'il eust esté envoyé de sa trouppe vers S. Anthoine en Ambassade? Ambassade, certes, d'un appareil extraordinaire, et d'un nouvelle suite. D'où ces hommes pouvoient-il sçavoir qu'il devoit venir en ces quartiers, pour le trouver si à propos? Quels Prophetes leur avoient predict? Quels Anges leur avoient annoncé? Et quels Demons les en avoient advertis? Car ce bon Hermite avoit resolu son voyage sur une revelation qu'il avoit eue la nuict precedente, et n'avoit communiqué son dessein à personne, car il ne conversoit avec personne. L'advis et la cognoissance d'une si secrette resolution et si promptement executée, monstre qu'il y avoit en ce Satyre quelque chose plus qu'humain, et qu'il estoit de ces esprits dont la science parfaicte descouvre nos pensées par nos diverses conjectures, et qu'il fut deputé veritablement de sa trouppe pour seduire cet Hermite, et empescher ou retarder son devotieux pelerinage.

Comment aussi cet homme Satyre auroit-il peu si facilement entendre le langage de Sainct Anthoine, et luy respondre en mesme langage? Les langues ne s'apprennent que par un long temps, et par une grande frequentation. Themistocle, tenu pour un des meilleurs et des plus forts esprits de la Grece, est admiré pour avoir appris en un an, au milieu des Perses, à parler Persien. Et depuis quel temps, et avec quels Ægyptiens avoit frequenté cet homme Satyre?

Mais encore, qui auroit appris à ces hommes la mort du Verbe eternel humanisé, et enseigné à ce Satyre les Pseaumes de David, pour les citer si à propos, comme il fit, ayant conclu son discours par le quatriesme verset du Psalme 18 ? On sçait bien quels Apostres, quels Disciples, et quels Religieux, ont presché la doctrine Evangelique, dans les pays plus reculez. Si l'on entendoit discourir un Chinois de quelques mystères du Christianisme, il ne s'en faudroit point esmerveiller : leurs ceremonies et leurs Idoles, ressentant quelque chose de nostre Religion, monstrent assez clairement qu'ils en ont ouy parler. On ne doute point que Sainct Thomas et Sainct Bartelemy n'ayent couru et semé l'Evangile par tout l'Orient, et dit-on que le corps de Sainct Thomas se void encore à present en la Province de Maabar, que les miracles frequents et les pelerinages des Chrestiens rendent celebre par toute la contrée. Mais que l'on ait jamais presché des Satyres, que jamais des peuples demy-boucs ayent receu d'aucuns Chrestiens les instructions Evangeliques, cela ne se void point, car cela n'a jamais esté.

Davantage, ceux qui reputent ce Satyre avoir esté homme, se fondent sur ce qu'il l'a dit, et moy tout au contraire, parce qu'il l'a dit; j'espere monstrer à veue d'œil qu'il n'estoit point homme, mais un imposteur et un Demon. Car comment pouvoit-il estre un homme, et estre du nombre des Faunes et Silvains, que les Gentils adoroient, veu que jamais les Gentils n'ont adoré de tels hommes? Il n'y a personne si peu versé dans la cognoissance de l'Antiquité, qui ne sçache que les Pans, Faunes, et Satyres des Payens, n'estoient point hommes, ains des puissances surnaturelles et certains demy-Dieux, qu'ils disoient n'estre point visibles à l'homme si bon ne leur sembloit, et qui se rendoient visibles sous cette figure de demy-homme et demy-bouc, qui leur estoit specialement agreable, comme à ces autres imaginaires puissances de la mer, les Nereides, celle de demy-homme et demy-poisson. De faict les Ægyptiens, au rapport d'Herodote, estimoient que le Dieu Pan, l'un des huict premiers Dieux dont l'origine s'estoit perdue dans l'esloignement des aages, estoit de mesme nature que les autres Dieux, et non pas tel en soy qu'ils le depeignoient en ses Idoles. Tellement que si ce Satyre estoit un des Faunes et demy-Dieux chevrepieds, adorez par les Gentils, ainsi qu'il disoit, il est necessaire de conclure avec le Prophete David qu'il estoit un mauvais Demon :

> Car les Dieux des Gentils sont tous esprits malins.

Quelqu'un, peut estre pour sauver ou donner couleur à l'opinion de ces graves Autheurs, qui ont estimé ce Satyre avoir esté homme, pourroit dire qu'il estoit un de ces monstres que nous avons mis en la seconde espece des Satyres. Mais la seule consideration de la naissance de tels Satyres Hybrides et incapables d'engendrer, fera foy du contraire, et qu'il est impossible qu'il y ait jamais eu sur terre un peuple entier de ces monstres, pour deputer celuy-cy. Qui plus est, outre quelques raisons, par lesquelles nous avons prouvé que ce Satyre n'estoit point homme, fort convenables et naturelles en cet endroit, comme la cognoissance du voyage de Sainct Antoine, et l'intelligence de son langage par ces monstres incognus à tout le reste du monde, il est indubitable, s'il y eust eu une nation de tels Satyres, qu'ils eussent esté plus frequents. Et comment se pouvoit-il faire que Sainct Paul, Sainct Antoine, Saint Hilarion, et tous les autres Hermites, qui ont vieilly et basty tant de Monasteres dans les deserts de la Thebaïde, et couru les endroits plus reculez de cette solitude, n'eussent point descouvert aucun autre de ces Satyres, et recogneu leur demeure s'ils eussent esté en si grosse troupe ? On dit que Sainct Anthoine, cheminant par ces lieux separez, où il estoit tousjours aguetté des embusches du Diable, apperceut devant ses yeux une grande placque d'argent, dont l'esclat pouvoit semondre et chatouiller les yeux et l'esprit d'une devotion moins parfaicte, et que soudain se remettant en luy mesme, il se prit à dire : « D'où vient cette richesse dans » ce desert ? c'est icy le chemin des » oyseaux seulement, l'on n'y void » aucun vestige d'homme, il ne paroist » point que personne y ait jamais passé. » Ha ! esprit de tentation, c'est une ruse » de ta malice pour me decevoir ! » Il me semble que l'on en pourroit dire presque autant de ce monstre Satyre : car d'où seroit-il venu dans ce desert ? c'est l'habitation des bestes farouches seulement, l'on n'y a jamais veu aucuns gardes de troupeaux ; jamais homme n'y a mis le pied que des Religieux et des Saincts; est-il pas aysé à juger que c'estoit un artifice par lequel Satan s'efforçoit de surprendre ce bon Hermite?

Le Cardinal Baronius, personnage d'une tres singuliere doctrine, dont les escrits doivent vivre plus de siecles qu'ils ne contiennent d'années, cognoissant toutes ces absurditez, s'est jetté dans une autre opinion, autant diverse de ces deux premieres qu'esloignée de la veritable. Car il dit que ce Satyre estoit un animal irraisonnable, c'est à dire, un de ces Singes dont nous avons parlé, et que la voix de l'homme et le discours de raison dont il usa, luy fut donné par miracle, comme il est arrivé souvent par la permission de Dieu, que les animaux ont faict toutes sortes d'actions humaines et raisonnables, pour secourir en leurs necessitez les premiers Anachoretes et saincts personnages dans les lieux escartez de toute frequentation. Mais bien que cette opinion semble admissible, et plus religieuse que les deux premieres, ce personnage me permettra pourtant (sans offenser sa gloire) de quitter son party pour suivre la verité, que chacun doit comme sa meilleure amie preferer aux noms mesme d'Aristote et de Platon. Ciceron n'eut point de meilleure raison pour monstrer que Cecilius n'estoit pas capable d'accuser Verres, sinon d'alleguer qu'il avoit à plaider contre Hortensius. Je sçay bien que l'on me pourra dire de mesme, que je devrois quitter cette dispute à quelque plume qui peust suivre de plus près le vol de Baronius. Mais quiconque voudra peser en mesme balance l'opinion de cet auteur et ce que je soustiens, comme le Jupiter d'Homere faict les destins de l'Europe et de l'Asie pour donner la victoire au plus pesant, je ne doute point qu'il n'advoue librement, que la verité plus forte donne le traict à la balance de mon costé, et qu'il ne se faut point esmerveiller si dans un long et penible chemin l'on fait quelque faux pas, et si le bon Homere faict un petit somme dans un grand ouvrage.

La premiere raison, et qui seule peut convaincre en cette matiere, est que si ce Satyre eust esté une beste brute envoyée de Dieu vers Sainct Anthoine, il n'eust pas dit qu'il estoit deputé de sa trouppe pour le venir trouver. On dit que Trajan, ceignant un de ses Capitaines de son espée, luy dit : « En chose juste » employe-la pour mon service, et aux » injustes, je te permets de t'en servir » contre moy-mesme. » Et quelle apparence que Dieu, la suprême Verité, eust donné la parole humaine à la brutalité de ce Satyre, pour parler contre la verité, et qu'en chose si miraculeuse et divine, ce Satyre eust employé ce don de la parole contre sa propre cause, contre sa veritable mission, et contre Dieu mesme? Qu'il eust desnié avoir esté envoyé de Dieu, et supposé un mensonge de soy ridicule et impertinent? Je m'estonne comment il est possible que le Cardinal Baronius ait peu s'imaginer cette Ambassade extraordinaire des animaux irraisonnables. Quelle affaire pouvoient-ils avoir avec Sainct Anthoine? En quel temps, en quel lieu, ce conseil avoit-il esté pris? Quel Herault? quel Sergent? quel Trompette les avoient assemblez en ces nouveaux comices? Qui le premier d'entre eux, eust parlé pour proposer la matiere dont ils avoient à deliberer, et qui d'entre eux pouvoit parler pour la resoudre, puis que tous sont privez de la parole? Il ne faudroit plus douter de ce que nous lisons d'Apollonius Thyaneen, de Melampe, et de tant d'autres qui se disoient entendre le jargon des bestes et des oyseaux, et que leurs cris, heurlements, et ramages, estoient autant de langages intelligibles entre elles, et aux doctes augures. Ne pourroit-on pas recevoir les fables d'Esope pour autant d'histoires? Ne pourroit-on pas croire que les grenouilles s'assemblerent jadis pour avoir un Roy ? que les oyseaux sont venus redemander leurs plumes à la corneille ? et que les chiens envoyerent jadis des Ambassadeurs à Jupiter, pour les delivrer de la servitude des hommes ? Mais qui a jamais pensé que les bestes peussent avoir soing de leur salut eternel, et prier les saincts personnages d'invoquer pour eux les graces, et implorer l'assistance de Jesus-Christ ? Et neantmoins, si ce Satyre estoit animal irraisonnable, comme l'estime Baronius, on ne le pourroit nier absolument : car il ne dit point qu'il fut envoyé vers Sainct Anthoine pour autre subject. Il ne faudroit plus estre en peine d'expliquer metaphoriquement, comme la raison et la pieté le desirent, le passage de David qui porte, que Dieu sauvera les hommes et les bestes. Et quand le Verbe eternel a dit, par la bouche du Psalmiste, qu'il ressembloit à une beste ou cheval de somme, il semble que l'on pourroit dire, et encourir le blaspheme, qu'il s'estoit faict semblable aux bestes aussi bien qu'aux hommes, voulant rendre les uns et les autres capables de sa gloire.

Et ce qui tesmoigne encor evidemment de combien s'est mespris Baronius en cette opinion pour ne l'avoir pas meurement digerée, c'est que ce Satyre ne pouvoit pas estre animal irraisonnable, puis qu'il estoit du nombre des Faunes et Sylvains que les Gentils reveroient. Car il n'y a personne, ny Baronius luy-mesme, qui voulust dire que les Pans et Satyres des Payens estoient des bestes brutes : cela est contraire à l'authorité de tous les sçavants, à la doctrine de la superstitieuse Antiquité, et à ce que les Arcades estimoient de Pan, le reverant comme une puissance divine, qui avoit en sa disposition la recompense des vertueux et la punition des meschants. Il est bien vray que Dieu, dont la juste bonté assiste tousjours dans les plus extremes abandonnements ceux qui mettent en luy leur confiance, et qui de sa toute-puissance font un bouclier de deffence, une tour d'espoir, et un rocher d'asseurance, a souvent donné des sentiments miraculeux aux choses inanimées, et des mouvements d'humanité aux bestes plus feroces, pour secourir les saincts personnages et leur ministrer dans leurs plus estroictes necessitez. Les rochers ont vomy des fontaines, la rosée s'est changée en manne, et la pluye en viande delicate : un corbeau ne manqua jamais de porter à Sainct Paul sa pitance journaliere, et luy presenter double quand quelqu'un le visitoit en son hermitage : et les Lions ont faict la charge de fossoyeurs lors qu'il fut question d'enterrer son corps. Mais quel secours miraculeux receut ce bon Hermite de la visite de ce Satyre, sinon la terreur et l'effroy contre lesquels il fut contraint de se vestir des armes du maistre qu'il servoit ? et de quels discours en fut-il entretenu, sinon de mensonges et de blasphemes qui pouvoient reduire un esprit moins fort en des doutes fort dangereux? Il est hors de toute vray-semblance et contraire à la pieté, de penser que par miracle, Dieu voulust donner à des bestes brutes la voix humaine et le discours de raison, pour dire qu'elles ont soin de leur salvation, et qu'elles ont tenu conseil pour prier les Saincts de les favoriser de leurs devotions.

Reste donc à conclure que ce Satyre estoit un Demon, et d'en tirer les preuves du particulier de cette apparition.

C'est un artifice ordinaire de Satan, de n'attaquer jamais un esprit solide et resolu, tandis qu'il est assis constamment sur son cube; ains comme un bucheron a de coustume de coupper un arbre à demy par le pied avant que de le pousser du costé où il le veut faire tomber, cet esprit malin previent la constance de l'homme, et l'affoiblit par l'estonnement, puis faisant jouer les grands ressorts de ses malices pernicieuses, le fait trebucher où il luy plaist : sçachant bien que l'esprit flottant dans l'incertitude, il est aisé de le faire pencher de costé ou d'autre et luy persuader cecy ou cela. De cette sorte voyons-nous qu'il se gouverna en l'apparition de ce fantosme : car ayant resolu de soufler quelque scrupule en l'ame devote de Sainct Anthoine, pour en refroidir les charitez et le divertir de sa vie parfaicte, il envoya l'un de ses satellites sous la figure d'un Hippocentaure, afin que la scene estant preparee par l'effroy de ce premier Spectre, il peust jouer son personnage plus dextrement : car il est indubitable que cet Hippocentaure n'estoit autre chose qu'un Demon. Aussi nous voyons par le texte de Sainct Hierosme, que dans le milieu de sa course il s'esvanouit tout soudain : et pouvons apprendre de Zoroastre, par une connoissance particuliere qu'il avoit de ceste matiere, que les Demons paroissent d'ordinaire en monstres demy-hommes, et demy-chevaux. On dit que les perroquets de l'Inde, la premiere fois qu'ils virent les hommes, en furent tellement estonnez, que s'amusant à regarder et considerer attentivement ce qu'ils voyoient, ils se laissoient prendre à la main : le Diable esperoit qu'il en arriveroit de mesme de ce sainct personnage, et que tandis que prevenu d'estonnement et d'admiration il penseroit profondement en luy mesme ce que pourroit estre ce monstre, il tomberoit en ses rets par cette nouvelle surcharge, et se laisseroit surprendre aux scrupules, aux mensonges et aux impietez qui suivent necessairement la doctrine qu'il luy vouloit persuader de cette espece supposée d'hommes Satyres. Mais Sainct Anthoine, aguerry à telles rencontres, dès lors qu'il sentit l'estonnement glisser en son ame à l'abord de ce second fantosme, soupçonnant quelques embusches de son ennemy, eut recours à l'esperance et à la foy, armes de bonne trempe, et à l'espreuve des coups de Satan.

Or comme le temps que ce Satyre choisit en cette apparition est un tesmoignage de ce qu'il estoit, le personnage auquel il parut en est encor une autre moins considerable : car si tost que Sainct Anthoine embrassa la vie contemplative, il eut cet adversaire commun du genre humain sur les bras, qu'il luy falut combattre avec non moins de patience que de courage. Satan y employa tous les tourments que l'homme peut endurer, et tous les espouvenuements que sa rage peut excogiter : il prit la forme des choses inanimées, il prit l'apparence d'homme et de femme, de nain et de geant, il se transforma en toutes sortes de bestes feroces, ores il estoit seul, et ores en trouppe prodigieuse et effroyable, puis en fin se couvrant de la figure humaine et brutale ensemble, il l'attaqua sous la forme d'Onocentaure ou Onoscelide demy-homme et demy-asne, comme escrit Sainct Athanase, d'Hippocentaure, demy-homme et demy-cheval, et de Satyre, demy-homme et demy-chevre.

Qui plus est, si l'on juge de l'humeur des hommes et de la capacité de leur nature, par les lieux de leur naissance et de leur demeure, les deserts inhabitez où ce Satyre parut, nous font cognoistre evidemment qu'il estoit un Demon. Sainct Athanase escrit que la venue du Messie a faict retirer le Diable et tous ses satellites dans les abysmes, aux deserts, et lieux inaccessibles. Ce qui estoit peut estre signifié par le Demon meurtrier des sept marys de Sara, que l'Ange Raphael attacha dans les deserts de la Thebaïde où parut ce Satyre ; car ce lieu semble avoir esté choisi sur tous autres par les Demons. Mais à quoy bon d'en chercher autre preuve, puis que Dieu, par la bouche du Prophete Ezechiel, nous en a asseurez, lors qu'il dit, parlant des siens, estant d'accord avec eux : *Je feray cesser les bestes de la terre, et sans en avoir peur ils habiteront dans les deserts et demeureront aux forests :* car les bestes de la terre, comme nous apprend Zoroastre en ses oracles, et Sainct Gregoire sur le cinquiesme de Job, sont les Demons : et où le Psalmiste escrit que les bestes de la forest marcheront de nuict, le mesme Sainct Gregoire, et le venerable Beda interpretent les Demons. Les livres des sages sont pleins d'authorités qui nous le confirment, et les histoires d'exemples : ce que l'on voit specialement dans ceux qui nous ont rapporté des nouvelles du nouveau monde, où Satan a tenu ses grands jours et regné depuis tant de siecles. Car tous les lieux deserts, les precipices inaccessibles, et les forests reculées, sont habitez par les Demons qui les occupent comme des justes possessions. Ores l'on y entend des voix, des crys, et des heurlements plus qu'humains, ores le concert harmonieux d'une agreable musique : en quelques endroits ils font naistre la nuict dans le milieu du plus beau jour, et en d'autres lieux ils portent les passants dedans des larges balances eslevées au dessus des precipices, les contraignant en cette sorte de confesser à haute voix leurs pechez, et s'ils en retiennent quelqu'un sur leur conscience, ils les font culbuter à travers les pointes des rochers.

Mais ce qui est encore d'un plus juste poids et plus energique consideration en la circonstance du lieu où ce fantosme prit l'apparence d'un Satyre, est que les deserts et lieux inhabitez ont tousjours esté specialement frequentez par ces Demons qui, soubs la forme de Pans, Sylvains, ou Satyres, prenoient un singulier plaisir d'estonner l'ignorance des Payens, seduire leur credulité, et les divertir de l'adoration du Createur commun de tout le monde. Ces feux que les Ægypans tenoient allumez toute la nuict sur la montagne d'Atlas, selon Pline, et celle d'Æthiopie surnommée, selon Mela, *le Chariot des Dieux,* les cymbales, les fleutes, les cornets d'airain, et les voix plus qu'humaines, meslées de hurlemens effroyables, dont elles ressonnoient, estoient artifices des Demons qui frequentoient ces lieux reculez, pour authoriser l'opinion que les peuples avoient de leur Divinité : car bien loin dans les champs d'alentour, disent ces Historiens, rien de cultivé, nulles traces d'hommes ni de bestes, nuls lieux capables d'estre habitez, et seulement une vaste solitude pleine d'un obscur estonnement, d'un coy silence, et d'une secrete Religion.

Les Satyres sont nommez en Grec Napees, et en Latin Sylvains, comme qui diroit en l'une et en l'autre langue Forestiers, et les Gaulois mesmes les appelloient Drusiens, c'est à dire habitans parmy les chesnes : car il faut lire ainsi dans Sainct Augustin, et non pas Dusiens : et de cela peut servir de preuve, que Pan, selon quelques-uns, estoit fils de Dryope, dont le nom est tiré du mot *Drys*, qui signifie chesne. Nous lisons dans Homere que ce Dieu eut en partage les forests avec les montagnes et les vallées desertes : c'est pourquoy les fables ont dit, que ce fut luy qui trouva Ceres en ces lieux escartez, où elle s'estoit cachée pour pleurer la perte de sa fille, comme en ayant seul la parfaicte cognoissance. Et quelle intelligence pourroit-on chercher soubs le voile des amours fabuleuses de ce Dieu, qui a si ardemment chery la cajoleuse Echo Deesse des rochers, et la Nymphe Pythys, que la jalousie de Boree fit transmuer en Pin, hoste plus ordinaire des montagnes, sinon combien ce Dieu se plaist aux lieux solitaires ? Et pour quelle autre raison le Poëte Horace auroit-il nommé Faune protecteur des hommes Mercuriaux, c'est à dire nez soubs l'Astre de Mercure, qui rend, selon Ptolemee, les hommes sçavans, sinon pource qu'ils aiment la solitude ? Les Payens, qui cognoissoient le contentement singulier que ce Dieu prenoit d'habiter dans les deserts, y celebrerent la pluspart de ses sacrifices : cet oracle de Faune si celebre dans l'Italie, et le Lupercal Temple si fameux du Dieu Pan, furent jadis bastis dans les lieux reculez de toute frequentation.

Mais quittons en fin les Deserts pour considerer les dattes que ce Satyre offrit à Sainct Antoine : car d'où procedoit ceste charité, en cet ennemy de toute charité ?

Les Grecs et leurs presens doivent estre suspects.

C'est la coustume de Satan de battre les hommes par le costé plus foible, et les prendre à leurs deffauts. Si bien que sçachant la grande austérité de S. Antoine, qui s'abstenoit quelquesfois de toute nourriture trois jours entiers, il luy presentoit ce fruit exquis et delicat, pour le tenter et violer s'il eust peu ses longues abstinences : comme il avoit autresfois essayé de faire, quand soubs l'apparence de l'un de ses moines il luy apporta du pain, luy remonstrant qu'il devoit par la nourriture reparer ses forces à un nouveau travail, affin d'estre plus robuste au service de Dieu. Et ne fut ce pas la methode qu'il observa pour tenter nostre Seigneur au desert, luy presentant des pierres avec ces paroles : « Si tu es le fils de Dieu, change ces » cailloux en pain, plustost que de te » laisser affoiblir d'une faim si longue et » si ennuyeuse » ?

Socrate avoit juste raison, ce me semble, de dire à ce jeune homme qui luy fut amené : « Parle affin que je te voye » : car par le discours on cognoist non seulement la capacité, mais l'humeur de celuy qui parle. Cognoissons donc, par la harangue de ce Satyre, cet Ambassadeur si mal equipé, qu'il estoit un des satellites de l'eternel adversaire de l'homme. C'est une ruse des bons Orateurs, dit Quintilian, d'accorder avec grace ce qu'ils ne peuvent nier, affin de persuader avec subtilité ce qui de soy pourroit estre suspect de mensonge. Les Demons ont de coustume d'en faire de mesme : ils meslangent tousjours le faux avec le vray, ils confessent les veritez publiques, affin d'autoriser et de persuader leurs mensonges secrets : parce que s'ils n'avoient rien que des impostures en leurs discours, ils se feroient de prime abord reconnoistre pour seducteurs. La courtisane Raab, de la ville de Hierico, advoua que les espions des Juifs estoient venus en sa maison, pour faire croire qu'ils en estoient partis comme elle disoit. Telle fut la harangue de ce Satyre, contenant quelque chose de vray et quelque chose de faux, mais toute pleine de cautelleuses deceptions. Car de dire que les Gentils abusez avoient adoré les Faunes et Sylvains, et que Dieu avoit souffert la mort pour le salut du monde, c'estoient des veritez qui se persuadoient d'elles mesmes : mais qu'il fust homme, et deputé par un peuple de mesme forme et de mesme nature qu'il paroissoit, c'estoient des impostures ridicules et impies qu'il desiroit faire croire à ce personnage : affin qu'ayant preoccupé son esprit de l'opinion qu'il y avoit une espece d'hommes Satyres, il le peust abandonner aux doutes et aux consequences pernicieuses qui suivent cette maxime contraire à la raison naturelle et à la saincteté de la Religion. Combien d'autresfois le Diable avoit-il attaqué cet Hermite par le meslange artificieux des veritez et des impostures ? Par quelle raison esperoit-il une fois, sous la forme d'un Geant, luy persuader qu'il estoit la providence de Dieu, sinon par ce que peu auparavant il luy avoit dit la verité, ayant recogneu, soubs l'apparence d'un petit enfant noir, qu'il estoit l'esprit de fornication ? Et pourquoy, lors qu'il luy parut touchant de la teste contre le Ciel, luy confessa-t'il qu'il estoit Satan, sinon pour luy faire croire que les moines devoient quitter les deserts qui avoient esté seuls laissez pour retraicte aux Demons, estant Jesus-Christ honoré, disoit-il, par toute la terre habitable?

Ce passage du Psalme 18. de David, par lequel ce Satyre finit son discours captieux, est un tesmoignage apparent de la cautelle de Satan, et me rameine en memoire ce que nous lisons dans Athenee de ceux qui vendoient la chair de chevre, lesquels avoient de coustume, pour adoucir et corriger la mauvaise et desagreable odeur de cet animal infect, de porter en la bouche quelque petite branche de myrthe. Car cet ennemy capital de l'homme, lors qu'il veut donner ses impostures pour veritez, par un artifice à peu pres semblable à ces vendeurs de chevre, met souvent son entretien malicieux, qu'il sçait bien estre tousjours suspect de mensonge, à couvert sous quelque sacré texte de l'Escriture, et tempere ses fraudes de mauvaise odeur par le baulme agreable de cette saincte doctrine. Il en faict des pieges artificieux pour surprendre l'esprit de l'homme qui ne la reçoit pas seulement comme veritable, mais l'adore comme divine : faisant en cela comme le Roy Cambyses, lequel, assiegeant la ville de Pelusie en Egypte, s'advisa de jetter au devant de ses gens les animaux adorez pour Dieux par les Egyptiens, dont advint que ces superstitieux, n'osant se deffendre contre leurs Deïtez qu'ils voyoient devant leurs yeux, laisserent prendre la ville sans aucune resistance. Ne fut-ce pas par les Propheties du Psalmiste que le Diable voulut persuader à nostre Seigneur de se jetter du haut du pinacle du temple ? luy disant qu'il estoit escrit :

> Les Anges du tres-Haut ont eu ce mandement
> De preserver ton corps de tout evenement;

> Leur main te doit porter haut eslevé sur terre,
> De crainte que tes pieds ne heurtent quelque pierre.

Et ce mesme Sainct Anthoine ne fut-il pas plusieurs autres fois entretenu par Satan des passages de la Bible? Combien de fois, ainsi qu'il disoit à ses Moines, a-t-il fermé les oreilles oyant à l'entour de luy les Demons discourir des Escritures, craignant non sans raison de se perdre dans les doctes, mais dangereuses interpretations qu'ils y peuvent apporter?

> Car Dieu dit au pecheur : Pourquoy ta bouche infame
> Ose-t'elle apres moy redire ainsi ma voix,
> Et comment oses-tu chanter mes justes Loix,
> Puis que leur saincteté ne touche point ton ame?

Il semblera, peut estre, à ceux qui prennent tout au pied de la lettre, qui reçoivent la superficie pour le solide, et qui n'ouvrent pas l'escorce pour sçavoir quel bois elle renferme, que d'avoir supplié Sainct Anthoine de presenter en faveur de sa troupe ses devotes prieres à Dieu, ressent trop son esprit penitent pour estre procedé de Satan, dont le desespoir en bonne Theologie n'est point capable de contrition, dont le cœur, dit Job, s'endurcira de jour en jour comme une pierre, et qui ne s'amolira jamais, dit Sainct Gregoire, par l'eau de la penitence. Et d'avantage, que cette recognoissance de la venue du Verbe eternel en la bouche de ce Satyre, est trop Chrestienne et devotieuse pour avoir esté proferée par cet ennemy juré de la gloire de Dieu, cet envieux impuissant de sa puissance, et cet adversaire malin de toutes bonnes œuvres. Mais comme la courtisane Nannium sembloit une des plus belles femmes d'Athenes estant couverte de ses habits, mais despouillée de ses accoustrements et de ses fards, estoit difforme, laide, et mal agreable aux plus faciles amants : ainsi pouvons-nous recognoistre aysément, que la saincteté de ces parolles n'est qu'en l'apparence exterieure, et que le sens ne cache que des surprises, des embusches, et des malicieuses tromperies de Satan.

Car premierement, la priere de ce Satyre n'est point addressée directement à Dieu, et prier un autre de prier, ce n'est pas prier, si de soy-mesme l'on n'est capable de faire telles oraisons, comme on dit que les prieres des personnages devots sur la terre et des Saincts dans le Ciel, ne sont qu'un supplement de force qui se joint aux nostres, en augmente la charité, et les rend efficaces envers celuy auquel nous les addressons. Et ceste voye indirecte et tortueuse, dans le discours de ce Satyre, est non seulement suspecte de mensonge, ains estoit seule un juste subjet d'apprehender que dans ce Dedale il n'y eust quelque monstre dont la gueule beante et affamée cherchast qui devorer. Que si toutes les belles paroles de Satan, indices apparens de pieté, devoient estre receues en bonne part, que ne pourroit-on s'imaginer de ce Demon qui dans l'Evangile dit à nostre Seigneur : « *Je t'adjure par le grand Dieu de me laisser en paix ?* » Les Demons peuvent reciter l'Escriture saincte, l'enseigner et l'expliquer doctement, mais ce sont des scorpions qui portent le venin à la queue, et qui mettent leurs simulations et meschancetez à couvert sous tels voiles. Il n'appartient qu'aux Mahumetans de croire qu'une trouppe de Demons, ayant ouy l'Alcoram de la bouche de leur grand Prophete, se convertirent et se firent Sarrazins.

Quant à ceste recognoissance de la mort du Verbe Eternel, combien de fois les Demons ont-ils esté contraints en leurs oracles de haut louer son humanité, et d'advouer, dit S. Augustin, qu'il estoit le vray Dieu? Cet oracle, que le Demon qui presidoit à Delphe sous le nom d'Apollon rendit à Auguste peu apres la Nativité de Jesus-Christ, si celebre parmy tous les Autheurs, en fait assez de foy, lors qu'estant forcé par les violentes conjurations magiques de ces Prestres et Pythies par la bouche desquels il parloit, il respondit :

> Un jeune enfant Hebrieu, souverain des hauts Dieux,
> Me contraint, plus puissant, d'abandonner ces lieux,
> Et de me tenir coy dans l'infernal repaire :
> Quitte donc mes Autels, et apprens à te taire.

Encore telle recognoissance de ce Satyre n'est point si simple et devotieuse, que dans les paroles dont il usa, l'on n'y voye apparemment les fourbes et æquivoques de l'esprit de mensonge : car il ne dit pas : *Prie pour nous celuy que nous professons estre mort pour nostre salut*, c'estoit pourtant ainsi qu'il falloit parler s'il eust esté homme ; mais il dit : *Prie le Dieu commun que nous cognoissons estre mort pour le salut du monde*. Or ce mot, *Nous cognoissons*, est ordinaire en la bouche impie des Demons, et tesmoigne seulement leur grande science, science sans charité toutefois, disent les Docteurs, et non pas leur devotion. Ainsi voyons-nous que cet esprit malin, que les fils de Scæva vouloient conjurer au nom du Jesus de Sainct Paul, luy respondit : « Je cognois Jesus, et sçay qui » est Paul. »

Et par un sens æquivoque de ces termes *Dieu commun,* ce Satyre supposé s'efforçoit de persuader à Sainct Anthoine, comme il est aisé de veoir, que la mort du Verbe divin estoit commune et esgalement efficace, pour celuy qui parloit et celuy auquel il parloit, et qu'il y avoit des hommes de mesme nature que ce Satyre, au salut desquels elle se devoit appliquer aussi bien qu'à celuy des enfans d'Adam. Mais en bonne Grammaire l'intelligence de ce mot *commun,* ne doit point s'estendre plus loing que le mot de *Dieu,* auquel il se rapporte. Et en bonne Theologie, on doit recevoir les paroles de ce Satyre comme une recognoissance que les Demons sont violentez de faire malgré eux, que Dieu est leur Createur commun, de la main duquel ils ont receu l'estre aussi bien que toutes les choses du monde. En effet, à les bien prendre, il n'y a point d'animaux ny de creature inanimée sur la terre, qui ne les doivent prononcer aussi bien que ce mauvais Demon, et confesser *le Dieu commun qui est mort pour le salut du monde.* Voire mesme n'apprenons-nous pas des sacrez livres, que les Cieux, les Elemens, et tout ce qui est icy bas, de leur nature et dans leurs propres mouvemens, chantent la gloire de Dieu et benissent son nom? Il est vray qu'il y a ceste difference, ainsi que le remarque Sainct Hierosme, que toutes les creatures, dans les sentimens interieurs de ce qu'elles sont, louent la bienveillance et l'immensité de celuy qui leur donne l'estre en le confessant : mais les Demons, bien qu'ils soient contraints d'advouer

Dieu pour leur Autheur, ne peuvent toutefois d'eux-mesmes franchement et sans mauvais dessein en louer la Majesté: et plus la cognoissance qu'ils ont de sa grandeur est parfaicte, plus l'envie qu'ils portent à sa puissance est excessive. En un mot, pour finir tout ce que nous avons à traicter de ce Satyre avec l'explication des paroles qu'il profera, si sainctes en apparence, nous en dirons ce que le mesme Sainct Hierosme escrit de ces Demons qui recogneurent Jesus-Christ pour le fils du Tres-Haut, que ce n'est pas une confession volontaire et meritoire envers Dieu, mais une extorsion d'une malice affectée, ou d'une violence necessitée, comme d'un pauvre serf fuitif, lequel apres un long temps venant à revoir son maistre, est contraint d'advouer qu'il est son esclave, et n'apprehende rien tant que sa juste severité. Or ces Demons, ainsi desguisez, ont faict naistre les difficultez et les tenebres qui ont enveloppé ceste matiere; ils ont esté les Sophistes dont les subtilitez tromperesses ont rendu les Satyres mescognoissables. Mais comme les deux Serviliens, pour leur estroite ressemblance, estoient pris souvent l'un pour l'autre par ceux qui ne les voyoient qu'en public, et facilement discernez par leurs domestiques: les Satyres, de mesme, sont tellement semblables en la description de leur figure, que ceux qui ne les verront que par rencontre en passant sur les livres, se trouveront à tout propos surpris : mais ceux qui en considereront de plus près les actions, y appercevront des differences si signalées, qu'il leur sera facile de recognoistre quels doivent estre estimez, Singes, Monstres, ou Demons.

Je craindrois, certes, que la verité ne me peust justement accuser de prevarication, et d'avoir peché contre mon propre dessein, si par le silence je laissois dans l'incertitude ce que l'on doit croire de ces deux Satyres, Faune et

Pic, par la faveur desquels Numa cogneut les sacrifices convenables pour appaiser les fulgurations : et ce que Philostrate, au sixiesme livre de la Vie d'Apollonius Thyaneen, rapporte de deux autres, l'un desquels, par une concupiscence effrenée, violentoit les femmes Æthyopiennes, jusqu'à les faire mourir, et l'autre, se couvrant les espaules d'une peau de cerf, avoit accoustumé d'aller voir une femme de Lemnos.

Strabon, en plusieurs endroits de sa Geographie, nous apprend qu'il y eut jadis certains Prestres de Bacchus nommez Satyres et Silenes, en memoire peut estre des Singes Satyres inseparables compagnons de ce Dieu. Ils estoient ses grands Ministres, les Maistres des dances que l'on celebroit en son honneur, et reputez semblables aux Corybantes. Mais qu'est-ce dire autre chose, sinon qu'ils estoient ses Orpheotelestes, les conducteurs du bal en ces vieux Sabats les Trieteriques, et aussi grands

Magiciens que les Corybantes? Or, du nombre de ces Satyres Prestres et Sorciers, estoient ces deux genies du pays Latin Faune et Pic, hommes parfaicts et non point demy-boucs, tels que sont les vrays Satyres. Aussi voyons-nous qu'ils se rendoient souvent invisibles, et quelquefois se revestoient de diverses apparences : et que suivant l'exemple des Sorcieres de Thessalie, qui par magie tiroient la Lune du Ciel, ils contraignirent un Jupiter falsifié de sortir du haut de l'Olympe, c'est à dire un vray Demon du creux de l'enfer, lequel à sa venue fit crouler d'horreur les fondemens de l'Aventin, et glacer de crainte les moëlles de Numa, ne parlant qu'en termes interrompus et douteux. Ce qu'ils firent, non point avec ceste herbe Osirite qui par sa vertu naturelle, selon Pline, rappelle sur terre les ombres des morts : mais par des moyens ineffables et des conjurations qu'Ovide ne dit point pour ne les sçavoir pas. A quoy Plutarque ne donne pas une legere authorité quand il escrit, que Faune et Pic alloient par toute l'Italie faisant les mesmes miracles par drogues, charmes, et arts magiques, que les Idæes Dactyles qui sont les Corybantes.

Mais que dirons-nous des Satyres de Philostrate? Quelqu'un peut estre, par ce forcenement d'amour de l'un et de l'autre, conforme à ce que l'on conte des Satyres Incubes comme il sera veu cy-après, et par les actions et menaces secrettes dont Apollonius se servit contre celuy d'Ethiopie, se pourroit imaginer qu'ils estoient demons. Mais il est certain que tout le discours de la vie de ce Magicien n'est qu'une imposture, et que le VI. livre specialement n'est remply que de faulsetez, ainsi mesme que nous l'enseigne Eusebe contre ce sacrilege calumniateur de Dieu, Hierocles : ce qu'il prouve par les Pygmees, les Anthropophages, et ce Satyre mesme dont Philostrate faict mention. Aussi le mensonge qui ne se peut jamais rendre uniforme, se descouvre de luy-mesme en cet endroit; l'on peut cognoistre ce que l'on doit croire de tout le reste de cette Histoire, par ce que cet Autheur a inventé contre la verité, et mesme contre les Fables, qu'Apollonius ayant versé du vin dans une fosse où souloit boire le bestail, et par la force de sa science contrainct ce Satyre d'y venir boire, il perdit la fierté maligne de sa nature, et l'ardeur de sa concupiscence dans ce breuvage, sans plus malfaire ny poursuivre les femmes de ce pays. Car jamais personne n'a dit que les Satyres esteignent leur malice et leur lasciveté par le vin, et les Fables les representent tousjours yvres et tousjours furieux d'amour : d'où vient que ceux-là qui veulent expliquer mistiquement cette compagnie bouffonne du bon Pere Bacchus, disent qu'elle nous monstre que Priape est fils de Bacchus, et que le vin est le veritable feu d'amour. Ce conte faict à plaisir de ces Satyres qui ne furent jamais, pourroit estre augmenté de plusieurs que les Poëtes ont forgé avec ce qu'ils en ont discouru : tel que fut ce Marsyas, qui perdit sa peau pour avoir impudemment preferé son hautbois à la harpe d'Apollon : tel que ce Satyre fabuleux dont la Nymphe Amimone fut poursuivie d'amour, l'ayant resveillé par mesgarde, du javelot qu'elle pensoit jetter contre un cerf : tel que celuy qui, ravy de la beauté du feu la premiere fois qu'il le vit, se fust precipité dedans pour l'embrasser si Promethee ne l'en eust empesché, et tant d'autres qu'il est facile, voire aux plus simples, de discerner dans les Fables, d'avec les trois especes de vrays Satyres dont nous avons parlé.

LIVRE V.

DE L'ERREUR QUI FIT CROIRE QU'IL Y AVOIT DES FAUX DEMY-DIEUX SATYRES, ET EN ADORER LES IDOLES : ET DES EXPLICATIONS DE LA FIGURE DE PAN.

NCORE que dans le livre precedent nous ayons parlé de la faulse divinité des Satyres et Sylvains, et pour le particulier de leur adoration renvoyé les esprits curieux à ceux qui en ont expressement escrit : nous avons pourtant estimé qu'il ne sera point hors de propos de traicter en cet endroict separement deux choses concernant la figure mons-

trueuse de ces demy-Dieux boucquins : la premiere, d'où s'est glissée dans les ames du vulgaire, la croyance erronée qu'il y avoit de tels genies celestes de ceste forme grotesque et chimerique : et l'autre, par quelles sçavantes mythologies les Philosophes plus clair-voyants en la nature de Dieu, ont discouru de l'Idole de ces Pans. Dont celle-là, qui ne se trouvera point ailleurs, me faict imaginer que la nouveauté luy donnera quelque grace : et celle-cy où nous avons assemblé ce que les autheurs en ont escrit en divers lieux, et enrichy leurs inventions de ce qu'ils avoient obmis, ne sera peut-estre point desagreable.

Il semble bien que les Grecs, surpris de l'erreur populaire des premiers siecles, tous les Dieux desquels estoient nez d'incestes et d'adulteres, et monstrueux en leur figure, ayent fait ces demy-Dieux boucquins, sur l'image de ces monstres d'horreur engendrez malgré la nature. Ce que l'on pourroit authoriser par la naissance de Pan, qu'ils disoient fils de Penelope et de Mercure changé en bouc, ou de Jupiter et de Hybris, c'est à dire, de la honte. Mais, outre qu'il est hors d'apparence de croire qu'ils ayent admis quelque Divinité en ces monstres abominables, et que l'adoration des Satyres est beaucoup plus ancienne que ces Fables, il est certain que l'Egypte, matrice infortunée de l'Idolatrie, les ayant receus la premiere dans son giron, en a formé les Idoles sur la figure des Singes Satyres, et que les Grecs, leur ayant faict passer la mer, en ont acreu la fausse Divinité par des mysteres qu'eux-mesme ne cognoissoient pas.

Les Egyptiens, plus estranges en leurs superstitions qu'enigmatiques en leur doctrine, estoient si peu curieux de la verité, que de toutes leurs ordonnances civiles, ils en faisoient des ceremonies de Religion : et se laissant emporter aux inventions des Poëtes, qui ont tousjours esté bien receus parmy eux, ils mettoient en oubly la raison premiere de telles institutions, et s'abandonnoient à certaines venerations mysterieuses, dont il estoit deffendu de chercher la cognoissance. L'hommage qu'ils rendoient aux animaux avec tant de reverence, proceda de cette mauvaise coustume. Car les chefs de guerre, pour empescher les desordres de leurs armées, qui leur ravissoient à toute occasion la victoire d'entre les mains, inventerent les enseignes appelées Saurites, qui estoient halebardes au haut desquelles certains animaux estoient attachez, et selon leur diversité distinguerent les combattans. Et cet ordre leur ayant en plusieurs rencontres reussi heureusement, le peuple porta du commencement quelque honneur aux animaux dont ces enseignes estoient composées : et depuis, les Fables leur ayant persuadé que les Dieux chassez du Ciel par le Geant Typhon, ou par les meschants qui estoient en bien plus grand nombre qu'eux, s'estoient venus cacher en Egypte sous la peau de diverses bestes, ils esleverent des autels à ces bestes, et les adorerent en fin pour les Dieux mesmes. Ce qui faict dire à Juvenal :

Tous adorent le chien et personne Diane.

Ainsi donc apres la mort d'Osiris, ou Bacchus, ayant institué quelques Festes et Sacrifices à l'eternité de sa gloire, ils n'oublierent pas, entre les ceremonies qui y estoient ordonnées, les danses et plaisanteries de ces Singes Satyres que ce Prince faisoit tousjours mener à sa suitte : et à l'entour des statues qu'ils luy dresserent en ses Temples, y representerent les images de ces animaux. Si bien que par succession de temps, ces Festes s'estant esloignées de leur institution, il en arriva ce que S. Cyprian escrit de toutes les ceremonies religieuses des Payens, lesquelles à leur naissance n'ayant esté qu'une consolation des peuples en la perte de leur Prince, furent receues par les suivants pour veritables sacrifices et honneurs divins. Osiris, en memoire duquel ces solemnitez estoient celebrées, fut estimé Dieu, et les Satyres qui en accompagnoient la pompe participerent à sa divinité. Et comme les courtisans d'Æthiopie avoient de coustume de se rendre en toutes leurs parolles et leurs actions semblables à leur Roy, dont ils estoient les vrays Singes, paroissant borgnes, s'il n'avoit qu'un œil, et begayant s'il n'avoit pas la langue libre : de mesme ces Singes Satyres, dont la Cour de Bacchus estoit remplie, se sont rendus dans l'esloignement des aages tellement semblables à leur Prince, que le vulgaire en fin preoccupé de mille fausses opinions, adorant son idole comme d'un puissant Dieu, s'est facilement persuadé que ceux qu'il voyoit representez à l'entour de luy, estoient des genies celestes et de grands Demons, lesquels sous cette figure estrange, à l'exemple de l'Adonis de

Venus, et de l'Atys de Cibele, assistoient tousjours de leur presence sa feinte divinité. Cette croyance leur fut confirmée par l'authorité des Poëtes, lesquels n'osants contrevenir aux reigles de leur art qui leur deffend de parler selon la nue verité, ont escrit de Bacchus, comme de quelque Dieu, de ces Singes comme de demy-Dieux, et de tout ce qui estoit de memorable en ses hauts faits comme de choses miraculeuses et divines. Et à ces fictions donnerent une grande ouverture et authorité, les longues doleances de ces peuples qui avoient de coustume de faire prononcer par quatre vingts jours entier, après la mort de leur Roy, un poëme funebre deux fois en chasque jour pour en celebrer la memoire, et rappeler l'ame des enfers. Et qui ne jugera que les Idoles de ces Singes representez à l'entour de Bacchus, ont fait croire aux Egyptiens qu'il fust assisté de tels Demy-Dieux et Genies celestes, puis que le chien qui le suivoit par tout comme un garde fidelle de sa personne, fit monter leur superstition aveuglée jusqu'à ce point, que de se feindre et adorer un Dieu demy-chien? Mais que ces Singes n'ayent suivy Bacchus dans les resveries de son Apoteose, comme ils avoient faict en sa vie, l'on en peut donner deux raisons. La premiere est, qu'en tous ses Temples, en toutes ses ceremonies, et en tout ce que les Poëtes en escrivent, ils ne s'est jamais veu sans une bonne trouppe de Satyres. En sa grande feste de Grece, quand il trouva le miel dans la Thrace, et prenant Ariadne pour femme, Ovide ne luy donne pour compagnie que ces faux demy-Dieux raillards et plaisants. Estoit-ce pas aussi la coustume de leur donner le saye de soldat, et le Thyrse en la main (qui estoit une picque entourée de feuilles de vigne ou de lierre) en memoire de ce qu'ils avoient accompagné Bacchus en ses expeditions militaires? Et Pausanias remarque pour chose bien extraordinaire, qu'au païs d'Elide le vieillard Silene avoit un Temple, non point comme par tout ailleurs, commun avec le Dieu Bacchus, mais particulier et consacré à sa Deïté seulement : ce qu'ils firent peut-estre en recognoissance de son esgarement en la Phrygie.

L'autre raison est tirée de la juste ressemblance qu'il y avoit entre ces faux Dieux et les Singes Satyres. Car tout ce que nous avons escrit de leur figure et de leur nature, estoit donné aux idoles de ces Pans : et les Demons sçavoient bien n'en rien obmettre quand ils ont voulu apparoir sous cette forme. De leur figure personne n'en peut douter. Car premierement estoient-ils pas figurez avec les parties inferieures d'un bouc, qui les ont faict nommer par Horace Chevre-pieds, et par Ovide demy-Boucs : et avec deux cornes sur le front, qui donnerent subject à Deriades, en les voyant de loing, de dire qu'ils avoient une teste de taureau ? Car de penser que Nonnus les ait faict semblables aux taureaux, ce seroit contre l'authorité de tous ceux qui en ont escrit.

Que si les Singes Satyres sont couverts d'un long poil, qui leur faict porter le nom de Velus, comme nous avons monstré, ne sçait-on pas bien qu'il estoit ordinaire, ainsi que dit mesme Philostrate, de peindre les Faunes velus ? dont Apulee nomme Marsyas un Ours à deux pieds. Les Anciens representoient les Satyres sur le theatre avec des tuniques couvertes d'un long poil des deux costez, et les Silenes couverts de mousse et d'estouppe. Et dans l'Escriture saincte ils n'ont point d'autre nom que les Velus. Esaye, predisant la desolation de Hierusalem, escrit : que les bestes sauvages et les fantosmes en habiteront les ruines, et que les Velus y danseront et s'escrieront avec des heurlements effroyables l'un à l'autre : ce que la plus part des doctes, dit Eucherius, interpretent des Faunes et Silvains. Et dans le *Levitique* où Dieu deffend aux Israëlites d'immoler leurs enfants aux Demons, le texte Hebraïque porte *Seirim*, c'est à dire, Demons velus, que les Grecs appellent *Trichiones* (car *Sear* signifie le poil, dont le bouc est nommé *Seir* à cause du long poil qui le couvre). Par où nous sont naïfvement exprimez ces Pans et Satyres de l'Antiquité. Ce qui nous est rendu notoire par la traduction des Septante, qui ont appelé ces Demons *Mateous*, c'est à dire, *Fatuos*, qui est le nom propre des Faunes, comme nous avons dit ailleurs : et par cette deffence que Dieu faict aux Israëlites de leurs immoler des enfans. Parce que tout ainsi que les Payens avoient de coustume d'honorer de victimes humaines, le Saturne des Carthaginois, le Jupiter des Latins, le Mars des Thulites, le Theutates des Druides, le Viracocha des Mexiquains, et mille autres tels Demons avides du sang et de la perte eternelle des hommes : aussi reveroient-ils les

Faunes comme Dieux Alastores et Palamnæes, c'est à dire, malfaisants et homicides, et leur immoloient des hommes vivants, ainsi que les Arcades à Pan leur grand Dieu, dans ce Temple où l'on disoit que les corps ne faisoient point d'ombre : en memoire peut-estre de ce Faune qui sacrifioit ses hostes à son pere Mercure. Aussi dès lors que les femmes estoient accouchées, ils invoquoient *Intercidone Pilumne et Deverre,* et avec certaines ceremonies faisoient priere à Sylvain de se tenir dans les forests et avoir soing de l'agriculture, dons ils l'estimoient un des plus puissants Dieux, et luy immoloient, à ce subject, le pourceau inventeur du labourage. Ce que l'on ne pratiquoit pas, comme quelques uns ont pensé, pour l'opinion qu'ils avoient que Sylvain estoit ce fantosme nocturne, ou plustost cette maladie que l'on appelle le Pesard : mais de crainte que ce Demon malicieux ne fist quelque tort aux enfans nouveaunez. Car chez les Rabins, les Demons appelez *Lilithim*, c'est à dire, Faunes et Sylvains, dont la naissance trop honteuse selon leurs contes me ferme la bouche, s'efforçoient par tous moyens de malfaire aux petits enfans quand ils venoient de naistre. Ce que l'on peut apprendre encor du Poëte Lyrique en ses Odes, où il dit :

> Toy qui vais poursuivant d'une amour eternelle
> Les Nymphes, que souvent tu ne puis arrester :
> Passe à travers mes champs, Faune, sans rien gaster,
> Ny mal faire aux enfants qui sont à la mamelle.

Cette rougeur esclattante dont la face des Singes Satyres est enluminée, ne fut pas oubliée aux Idoles de ces Demons. Aussi Nonnus escrit que les Satyres se peignoient de vermillon avant que de combattre : et dans Virgile on void la Nymphe Æglé, qui barbouille de jus de meures les tempes et le front de Sylene endormy : car les meures ou les grains d'hieble estoient reputez par les Poëtes, estre la peinture ordinaire des Faunes. Ce qui donna subject aux peuples qui croyoient que Pan et Jupiter n'estoient qu'une mesme divinité, de peindre aussi de mesme couleur la face de Jupiter. D'où vient que les triomphants à Rome, qui se revestoient de la robbe, du sceptre et des autres enseignes de Jupiter Capitolin, se rougissoient aussi le visage pour faire paroistre que leur puissance estoit une vraye image de celle de Dieu : ce qui fut pratiqué premierement en la personne de Camille. Depuis, à l'exemple de leur souverain, tous les autres Dieux en Æthiopie portoient cette couleur : le jour des Festes à Rome on en coloroit toutes les Images, et les Censeurs, à l'advenement de leur charge, faisoient repeindre tous les Dieux du Capitole. Enfin la vanité portant l'homme à tout ce qui est grand et divin, les Roys d'Assyrie et de Mede, et les Princes d'Æthiopie, se colorerent la face de cynnabre.

Mais pour retourner au rapport de la figure de ces Singes aux Satyres Demons : Philostrate escrit que l'on a de coustume de pourtraire les Satyres avec le derriere de cheval, c'est à dire, avec de longues queues, car ils en portent tous, dit Lucian : et Pan, chez le mesme, venant saluer Mercure pour son pere : « Comment ferois-tu, mon fils, » luy respond Mercure, « avec cette longue » queue que tu portes ? » C'est pourquoy les Fables ont dit, que Silene fut jadis un Roy de Nyse, dont l'origine estoit incognue, lequel ayant eu naturellement une longue queue, transmit cette marque à tous les Silenes que l'on disoit estre de sa race, et que Catulle appelle natifs de Nyse.

Et pour preuve manifeste que les Idoles des Satyres n'estoient autre chose que le pourtraict de ces Singes representez debout sur les deux pieds de derriere, c'est que tous les Faunes et Silenes, comme escrit Lucian, estoient de petite stature, et le Simulachre de Pan fort petit, comme on void dans Pausanias. Au pays d'Attique l'on moustroit une certaine pierre, dit le mesme Pausanias, assez basse pour servir de siege à un petit homme, sur laquelle on contoit que Silene se reposa alors qu'il vint en ce pays avec Bacchus : et le peintre Thimante, pour representer la grandeur d'un Cyclope par comparaison aux petits hommes, avoit peint des Satyres, mesurant la grandeur de son poulce avec le Thyrse : mesme que les Demons qui prenoient l'apparence de Satyres paroissoient tousjours, comme on les peut nommer apres Sainct Hierosme, en petits hommonceaux.

Quant à la nature des Singes Satyres, nous avons remarqué trois qualitez qui leur sont propres et particulieres, l'habitation aux forests et deserts, la souplesse des membres aux dances bouffonesques, et une excessive rage d'amour : lesquelles toutes sont communes dans les livres des Anciens aux Satyres Demons. De leur habitation dans les lieux escartez, nous en avons suffisamment discouru ailleurs : de sorte qu'il nous reste seulement leurs dances grotesques, et leurs feintes impudicitez, qui ont abusé la simplesse de tant de pauvres ignorans.

Nous voyons dans Homere les Fées demener leurs carolles au son de la fluste de Pan, et en maints endroits chez les autres Poëtes, luy mesme se met le premier à la dance avec toute sa troupe. Les Nymphes, pourtant, chez Philostrate, se faschent de le voir dancer de mauvaise grace, et se mocquent de ce qu'il ne faict que trepigner hors de cadence. Et peut-estre que ceste espece de dance Satyrique nommée Sicinnis, dont les Satyres sont dicts Sicinnistes, estoit une image de ce menu trepignement du

Dieu Pan, conforme aux demarches des Singes quand ils vont sur les deux pieds de derriere. Les Poëtes mesmes, ausquels les Dieux ne se sont jamais cachez, s'escartant par les deserts avoient de coustume d'estre de la partie, ainsi qu'Horace le sçait bien dire de luy-mesme :

> Les Faunes chevre-pieds à la plante legere,
> Carollant à l'ombrage frais
> Avec les Nymphes des forests,
> Me retiennent souvent esloigné du vulgaire.

Ce que l'on peut rapporter, si ces assemblées estoient veritables, aux dances des Sorciers avec les Demons, les jours de leurs ceremonies qu'ils appellent Sabbats : car les anciens et plus fameux Poëtes estoient tous Magiciens, et ces Satyres Demons.

Mais s'il est vray que les dances au son des cymbales, comme dit un Poëte, soient les armes et les allumettes de

Venus : comment pouvoient les Satyres dancer à tout propos au son de leurs cymbales avec ces belles Nymphes sans les prier d'amour ? et quelle merveille si tant de fois ils ont couru ces fuyardes à travers les champs ? Les Satyres sont tousjours representez dans les Fables avec une lasciveté si prodigieuse, qu'Ovide reproche à Silene comme un crime, qu'il n'est pas encore vieil à son aage. Mesme que ce mot Satyrique est æquivoque chez Theocrite et Plutarque, pour signifier lascif. Et ceste herbe que Theophraste estime d'une efficace merveilleuse pour exciter un appetit, ou plustost une rage d'amour au delà des forces humaines, et de laquelle on dit qu'Hercule avoit usé lors qu'il engrossa en une mesme nuict les cinquante filles de Thespie, n'a point eu de nom plus convenable que celui de Satyrion. Que ne peut-on juger du Dieu Pan, lequel interrogé par son Pere Mercure s'il estoit marié, respondit qu'il ne le seroit jamais, pource qu'il ne pouvoit estre content d'une seule femme ? Est-il pas vray que ses desirs ne furent jamais arrestez, et qu'il s'est toujours efforcé de surprendre quelque Nymphe à la desrobée ? Mais s'il se vante d'avoir deceu la Lune sous la toison blanche dont il couvrit ses defformitez, la fleute qu'il porte en la main le fera souvenir qu'il fut deceu luy-mesme par des Dieux plus puissants, qui lui firent embrasser des roseaux au lieu de la belle Syringue : et la nudité des jeunes gens qui celebrent les Lupercales, estoit une marque, non seulement des feux dont il brusla pour Iole, mais encore du mauvais traittement qu'il receut d'Hercule, qu'il avoit pris sous les habits d'Iole pour Iole mesme. Mais à quoy bon tant de Fables ? Les Demons sous la forme de Satyres ont faict paroistre une lasciveté si furieuse, qu'ils en ont porté le nom d'Incubes : dont mesme en Grec Pan fut appellé *Ephialte,* en Latin, *Inus,* et en Aramean, *Ennus.*

Or de discourir icy de ces Incubes, si, privez des organes du sentiment, ils peuvent sentir les chatouillements d'une action hors les termes de leur nature, et s'ils peuvent donner d'eux-mesmes la naissance à quelques hommes : outre que ce seroit nous esloigner de notre subject, l'honnesteté semble nous le deffendre. Et pour en toucher seulement quelque chose à l'ombre des Fables, nous nous contenterons de dire qu'il estoit ordinaire parmy ces Anciens, de croire que les Dieux venoient du Ciel en terre chercher leurs contentements entre les bras des femmes mortelles, et les Deesses soubsmettre leur divinité aux hommes qu'elles aymoient : et que de ces adulteres divins naissoient les Heros, mettoyens entre les Dieux et les hommes. Mesme qu'à Babylone, à Thebes, et à Patare, ils enfermoient à certaines festes une femme dans le Temple de Jupiter, se persuadant que ce Dieu venoit passer la nuict avec elle. Mais ces Dieux supposez estoient ou bien Demons, qui pour authoriser le vice, entretenoient le peuple en ces deshonnestes ceremonies : ou bien des hommes qui cherchoient l'effect de leurs cupiditez sous le manteau de la Religion. Que s'ils étoient hommes, ils ont peu donner l'estre à d'autres hommes, que l'erreur faisoit croire fils de ces Dieux supposez : ainsi Olympiade se laissa persuader qu'Alexandre estoit fils de Jupiter Ammon, et non pas de Nactenabor Egyptien, qui la trompa dessous les habits de ce Dieu : et Sylvie, que Mars l'avait engrossée du fondateur de Rome et de son frere, et non pas son oncle Amulius qui la venoit voir armé de toutes pieces. Que s'ils estoient Demons, il est certain, selon les doctes Payens, qu'ils ne pouvoient avoir lignée : de faict les Egyptiens ne pouvoient admettre, dit Herodote, ce que l'historien Hæcatæe contoit de luy-mesme, qu'un Dieu peut engendrer un homme : et Plutarque tient cette doctrine, qu'une essence divine ne sçauroit prendre plaisir à la beauté d'une femme, et faire germer en son corps quelque commencement de geniture. Mais pour finir ce premier point, tout ce que la Religion des Payens nous apprend de ces Dieux demy-bouquins, a tant de rapport à ce que l'Histoire Naturelle escrit des Singes Satyres, qu'un œuf ne ressemble pas mieux, dit le proverbe, à un autre œuf. On lit dans Pline que Marc Antoine autrefois acheta pour freres jumeaux, deux jeunes enfans de differente nation, tant ils estoient semblables, mais qu'il s'apperceut bien qu'il avoit esté deceu, lors qu'il les ouyt parler de diverse langue : les Payens de mesme se sont bien laissez tromper par cette vaine ressemblance des Demons avec ces animaux : mais plus stupides, ils n'ont jamais peu se desabuser et les recognoistre à leur parole. Car bien qu'ils ayent veu les impostures manifestes, les prodiges, et les detestations de ces faulses et mensongeres divinitez, ils se sont pourtant abandonnez à leur folle croyance, et malencontreusement opiniastrez en leur aveuglement et ignorantes superstitions.

Le Poëte Lucilius avoit de coustume de dire des *Satyres* de Perse, que les ignorans n'y pouvoient rien comprendre, et que les Doctes y trouveroient des intelligences curieuses que l'autheur mesme n'auroit jamais pensé descrire. L'on en peut dire autant de toutes les Fables de l'Antiquité. Car les esprits abaissez, dont l'ignorance borne la sapience dans l'escorce des termes, ont receu les fictions Poëtiques toutes simples, et comme si le manteau des obscuritez qui les envelopoient n'eust esté suffisant pour leur en oster la vraye cognoissance, ils y ont adjousté celui de la Religion, afin qu'il ne leur fust pas permis de la rechercher. Mais ceux qu'une meilleure nature a guidez à une plus haute speculation, non contens de descouvrir le sens raisonnable que l'on y avoit caché, y ont recherché des secrets que les inventeurs mesme ne s'estoient pas imaginez : et de là sont procedées toutes ces mythologies et doctes esclaircissements des Fables que les sages ont transmis à la posterité, et qui par le grand nombre se sont rendus moins intelligibles que les Fables mesmes. Ce que nous avons escrit de la figure, nature et divinité du Dieu Pan, et des Satyres, n'a point eu faute de ces doctes commentateurs. Platon le premier, a dit que Pan estoit l'image de la parolle fille de l'éloquence, comme luy fils de Mercure Dieu de l'eloquence, et que son nom signifioit, Tout, pource que la parolle contient en soy toutes choses par le discours qu'elle en peut faire, voire qu'elle est elle-mesme toutes choses : comme s'il eut cogneu par les efforts naturels de son entendement, ce que personne ne luy avoit appris, que la parolle a tiré du neant tous les estres du monde : *Il n'a faict que dire,* escrit David, *et aussi tost ils ont esté faicts* : et qu'au commencement cette parole qui estoit en Dieu, et qui estoit Dieu mesme, a creé dans les choses tant de subjects de hautes admirations. Et dans les diverses natures de l'Idole de Pan, ce Philosophe disoit que l'on pouvoit cognoistre facilement qu'il y a deux sortes de parolle, dont la premiere, representée par le visage de l'homme eslevé tousjours vers les Cieux, reside dans le Ciel entre les Dieux, de qui les parolles sont autant d'arrests irrevocables qui ne sont jamais vains, et des serments eternels dont ils ne peuvent se repentir. Et l'autre, que les parties inferieures et cheminantes sur la terre nous mettent devant les yeux, est celle qui, couverte de mensonges impossibles à descouvrir, amuse les hommes par ses faultes et apparences, comme on fait l'enfant avec des osselets.

Quelques autres ont recherché dans l'image de Pan le pourtraict de l'homme nous faisant croire que de ses deux parties, la plus noble c'est à dire l'ame, qui n'a point d'autre object que Dieu, au sein duquel elle s'efforce de retourner comme elle en est descendue, soit peinte dans les parties superieures de ce Pan : et dans les inferieures, brutales et attachées à la terre, le corps animal et corruptible dont la pesanteur importune agrave incessamment la subtilité de l'ame vers la terre. Mesme que le nom de ce Dieu qui signifie Tout, enseigne que l'homme est un monde racourcy et un autre Tout, dans la petitesse duquel toutes les merveilles de ce grand Univers sont par merveilles renfermées. Il semble que S. Gregoire n'ait pas voulu seulement apporter de l'esclaircissement à cette explication, mais luy donner de l'authorité : car sur le passage de l'Escriture où nostre Seigneur commande à ses Apostres de prescher l'evangile *à toute creature,* il escrit que cela ne se doit rapporter qu'à l'homme, parce qu'il est seul toute creature, pour lequel Dieu a formé tout le monde, et qui contient en soy toutes choses, non seulement les natures elementaires, mais aussi les essences surnaturelles, ayant l'estre des pierres, la vie des arbres, le sentiment des animaux, et l'intelligence des Anges.

Mais l'opinion plus commune est de ceux lesquels, sçachans que leurs devanciers pour se rendre complaisants au vulgaire, comme nous disions, avoient escrit les effects incomprehensibles de Dieu, en lettres sacrées et hieroglifiques mysterieux, se sont efforcez de chercher dans toutes les Fables (vrays Silenes d'Alcibiade) quelque image de la supreme divinité. Et bien que l'adoration des Faunes et Satyres ne soit pas une invention mystique des sçavants, ains une erreur du peuple qui a receu les Statues des Singes Satyres pour des images de demy-Dieux, ils n'ont pas laissé de philosopher sur l'Idole du Dieu Pan, et par la force d'un beau discours monstré qu'il pouvoit estre le pourtraict du principe universel de toutes generations, et de cette vertu efficace qui produict, entretient et fomente toutes les choses du monde. Et de faict Orphee nomme Pan *Engendrant tout, et auteur des choses*, et Suidas Biarcée comme donnant la vie : aussi voyons-nous dans le Comique Latin, que Silene se nomme luy-mesme Dieu de la Nature : et que Virgile luy faict chanter la première naissance de l'Univers, ne pouvant introduire personne que en eust une plus parfaicte cognoissance que celuy qui l'a faict. Le docte Grammairien Servius escrit que les Latins se sont trompez d'avoir donné à ce Dieu le nom de Sylvain, et que cet abus est procedé de la double signification du mot Grec : car les Grecs l'appellent Dieu de Hylé, et Hylé ne signifie pas seulement une forest, mais plustost la lie et la matiere putrefiée des Elemens seule propre à la generation. Les Arcades encor mieux, entendoient par ce mot de Hylé toute matiere generalement quelconque, soit celeste, ou terrestre, laquelle est subjecte à la puissance et au gouvernement de Pan. Et pour cette raison Macrobe le faict même Dieu que le Soleil : ce que Ciceron semble donner à entendre, disant que Pan estoit fils du Ciel, car Helios estoit fils d'Ouranos. C'est pourquoy les Grecs, dans tous ces temples, avoient de coustume d'entretenir un feu perpetuel et une lampe tousjours ardente : car le feu est le principe et le commencement de toutes choses, attendu que c'est la substance la plus mouvante qui soit en toute la nature, et que la generation ne se faict point sans mouvement : et void-on que toute autre matiere, quand la chaleur luy defaut, demeure oisive et immobile, appetant et recherchant la vigueur du feu comme son ame. Aussi les Pytagoriciens vouloient que le milieu du monde fust le siege et le sejour propre du feu, lequel ils appellent *Vesta,* et disent estre l'unité, estimant que la terre demeure suspendue à l'entour du feu comme du centre du monde. Parquoy Numa, homme de grand sçavoir, le consacra, et voulut que les Vestales le conservassent sans le laisser esteindre, ne plus ne moins qu'une vive image de la puissance eternelle qui regit et gouverne tout : ce que les Grecs et ce grand personnage Romain avoient appris des Ægyptiens, lesquels revestoient les Idoles d'Osiris, adoré par le mesme principe et germe generatif des choses, d'habillements reluisants comme feu. Le feu d'amour dont cette Deïté brusloit incessamment, ouvrit le chemin à cette croyance plus Philosophique que Religieuse : car ils estimoient qu'il falloit comprendre en cette lasciveté, les generations perpetuelles de la Nature, qui ne cesse jamais de faire germer en un mesme instant, dans toutes les parties du monde, une infinité de nouveaux estres. Ce que Plutarque semble donner à entendre, quand par le principe de Nature, que Hesiode nomme Amour, il veut que Osiris soit signifié. Et les Egyptiens, comme enseigne Diodore, ne discouroient point de l'amour de Pan d'une autre sorte : d'où vient qu'ils l'adoroient à Mendes sous la figure d'un bouc, et que les Idoles qu'ils en avoient eslevées, et de tous les autres Satyres, portoient la partie servant à la generation, grande et redressée, pour figurer leur vertu d'engendrer perpetuelle et sans repos. Ainsi estoit peint Osiris parmy eux, en Priape chez les Grecs, dont les mesmes divinitez reçoivent mesmes intelligences : et les signes Satyriques dont Pline faict des amuletes souverains, estoient ces Phalles et Priapes pendus au col des jeunes enfans, pour les preserver contre les fascinations des yeux malins et des langues charmeresses.

Cette explication de l'amour de Pan, se rend d'autant plus vray-semblable et naturelle, que son ardeur passionnée luy faisoit chercher d'une affection particuliere les doux embrassements des

Nymphes, c'est à dire, des eaux. Car sous le voile de cette invention l'on vouloit entendre que ce principe chaud et actif, appete par l'inclination de sa nature une matiere humide, dont l'estroite union donne l'estre à toutes les choses : car la chaleur et l'humidité sont les deux principes, masle et femelle, de tout ce qui subsiste en l'Univers. Ce qui a fait croire aux Stoïciens que les Astres, qu'ils estimoient de nature de feu, estoient entretenus et nourris des vapeurs humides de la terre, et qu'en fin cette nourriture venant à leur defaillir, la machine du monde periroit et seroit consommée par le feu. Suivant laquelle Philosophie l'on doit entendre ces vers d'Ovide parlant de Jupiter :

>Mais lors il luy souvint, qu'un jour le feu doit prendre
>(Comme veut le destin qui fera tout mourir)
>A la terre et aux Cieux pour les reduire en cendre,
>Et que cette machine aura fort à souffrir.

C'est pourquoy les Egyptiens solemnisoient aux Calendes du mois Phamenoth, la Feste qu'ils nommoient l'entrée d'Osiris en la Lune Royne des humiditez, disant qu'elle couche avec luy, dont ils l'appellent la mere du monde, et veulent qu'elle soit de nature double, femelle en ce qu'elle est engrossie du Soleil, et masle en ce que de rechef elle respand parmy l'air les semences et principes de generation. Ce qu'ils ont encore voulu signifier nommant Isis (qui est la mesme que Thetis, cette humide nourriciere du monde) aucunefois *Mouth,* et quelquefois *Athiri,* dont le premier signifie mere, et le second, le lieu de generation et recevant. Et pourquoy feignoient-ils que le Soleil et la Lune ne sont point voiturez dans des chariots, ains dans des batteaux, esquels ils navigent tout à l'entour du monde, sinon pour monstrer que la chaleur productive des Astres et des Cieux se nourrit d'humidité, cause materielle de generation ? Et ce Bacchus ou Osiris qu'ils appeloient Hyes, comme qui diroit, maistre et Seigneur de la nature humide, qu'estoit-ce autre chose que le Dieu Pan qui brusle d'un amour violent après les belles Nymphes ? Les hommes mesme estoient reputez par quelques Grecs avoir pris leur naissance de substance humide : et pour cette raison les Hellenites sacrifioient à Neptune Progeniteur, et les Syriens adoroient le poisson comme estant de mesme generation et nourriture qu'eux. C'est pourquoy les Fables nous enseignent que Thyphon estoit ennemy capital d'Osiris, d'Isis et d'Orus leur enfant, ayant cherché tous les moyens de leur faire perdre l'empire et la vie. Nous donnant par là couvertement à entendre que toute vertu dessiccative, toute chaleur de feu violent, et toute seche intemperature signifiée par Thyphon, est contraire à l'union du chaud et de l'humide, et ennemy de toute generation et de la gloire d'Orus, c'est à dire, de la beauté du monde. Et ce que l'on adjouste que Thyphon jetta le Phalle d'Osiris en la riviere, tend à nous enseigner que la vertu genitale et productive de Dieu, escrit Plutarque, eut l'humidité pour sa premiere matiere, par le moyen de laquelle il se mesla parmy les choses qui estoient propres à participer de la generation : où ce Payen semble avoir expliqué ce que nous lisons dans Moyse, qu'au point de la creation du monde l'esprit de Dieu estoit porté sur les eaux.

Encore s'en est-il trouvé d'autres parmy les sçavants, dont la doctrine plus sensible, mais non moins vraysemblable, cherchant la cognoissance du Dieu Pan dans la consideration de son image, a faict croire qu'il representoit ce grand Univers. Et que tout ainsi que la subtile main d'Archimede avoit sceu pourtraire artistement et renclorre l'immensité des Cieux et des Astres, avec leurs mouvements, dans le petit espace d'une piece de verre : l'on avoit de mesme eslevé l'Idole de ce Dieu comme un pourtraict racourcy de toutes les parties de ce monde incomprehensible : soit qu'il portast cette image de toutes choses, pour temoigner qu'il en estoit l'autheur et conservateur, ou qu'en effect ils adorassent, sous cette pourtraicture, l'Univers dans sa simple et exterieure apparence. Car plusieurs, voire mesme des Philosophes, comme on void plus au long dans Ciceron, ont estimé et adoré le monde ainsi qu'un Dieu eternel, sensible, et tournoyant, sans en considerer la cause premiere. La divinité neantmoins de ce grand corps n'est pas seulement reprouvée, mais aussi mocquée par Velleius, pour autant que la felicité d'un Dieu ne doit point estre occupée apres des mouvements eternels, comme sceut bien respondre un Roy de ces nouveaux pays barbares à ceux qui luy vouloient persuader que le Soleil estoit Dieu.

Or le nom de ce Dieu Satyre semble de prime abord confirmer l'explication de ceux qui l'interpretent pour l'Univers, non seulement à cause que ce mot de Pan signifie Tout : mais aussi parce qu'il est derivé, selon Plutarque, de Penté, qui signifie cinq. Car au Triangle Egyptien, hieroglifique du monde et de ses principes, la ligne qui faict cinq represente le monde, et les deux autres, qui sont trois et quatre, les deux principes universels masle et femelle; parce que, tout ainsi que le cinq est semblable de nature et de puissance à ces deux autres nombres, estant composé du trois et du deux, lequel doublé faict quatre : de mesme le monde participe de la nature des deux principes qui le composent. Ceste opinion n'est point si nouvelle qu'elle ne soit authorisee d'Orphee, le plus ancien de tous les Poëtes qui ont survescu la voracité du temps, quand il chante en ses Hymnes, que le Ciel, la terre, la mer, et le feu, sont les membres de Pan. Ce qui se rend encore plus manifestement intelligible par le rapport que l'on peut faire de son image à tout l'Univers.

Car premierement, comme les Philosophes n'ont point douté de mettre la Privation de l'estre, entre les principes des choses qui sont : de mesme ne ferons-nous point de difficulté de conter cet espace imaginaire et vuide surceleste, qui n'est rien qu'une simple lumiere, entre les parties du monde : et pouvons-nous dire qu'il estoit representé par la calvitie de Pan, dont le dessus du chef n'estoit rien qu'un vague et une simple blancheur lumineuse. Car ce Dieu et tous ses suivants ont toujours esté peints chauves et tenant la main eslevée dessus leur front, de crainte que la trop grande ardeur du Soleil ne fist bouillir leurs cerveaux : ce qui a faict corriger au docte Scaliger, dans les *Priapees,* le vers qui nommoit les Faunes chevelus.

Le nombre et l'harmonie des Cieux estoient remarquez par la fleute à sept tuyaux qu'il portoit en la main, car les sept tons divers de cet instrument tesmoignent que les Anciens estimoient qu'il n'y avoit que huict Cieux : parce que les deux qui s'entretouchent ne faisant qu'une seule resonnance, les huict ne pouvoient, par leurs mouvements et frottements l'un contre l'autre, rendre que sept tons, dont l'harmonieuse consonnance procedoit de l'esloignement et disproportion de ces grands corps. D'où vient que les premiers Musiciens, imitant ces celestes accords, ne donnerent à leurs instruments que sept cordes, et à toute la Musique, comme encore à present sept tons.

Cette houlette et baton pastoral recourbé par le haut en plusieurs cercles renfermez l'un dans l'autre, seroit-ce point le Temps, fils aisné du Ciel, lequel comme un serpent replié de plusieurs tournoyements sur luy-mesme, ne finit jamais que pour recommencer? Ou plustost l'année, je ne dis pas la Solaire, mais cette revolution totale des Cieux à l'origine de leur mouvement : lesquels, après plusieurs tours et retours, plus vistes ou plus lents selon leur inégalité, parferont, en un même instant de repos, cette grande année composée de plusieurs millions d'années, et dans l'accomplissement de leurs actions borneront peut-estre le cours du monde et la vie de la nature? Et qu'auroit-on voulu signifier par les cornes de Pan, sinon la lumiere? Jupiter Ammon, qui n'est autre que le Soleil appellé par les Hebrieux, *Hamma,* avoit deux cornes de Belier sur la teste, et Isis et Diane celles d'un Taureau. Et en la langue Hebraïque le mot de lumiere et de corne est æquivoque : aussi lisons nous dans l'*Exode,* selon la commune traduction : *Que la face de Moyse, descendant du mont Sinay, estoit cornue,* et selon la nouvelle, *lumineuse.* De faict Moyse, voulant parler au peuple, se couvroit le visage d'un voile, parce que leurs yeux trop foibles n'en pouvoient soustenir la splendeur glorieuse qu'il avoit acquise par l'avoisinement et participation de Dieu : et Sainct Paul, comme interpretant ces cornes de Moyse, dit qu'il estoit tout couvert de gloire.

Le visage de Pan portoit, en sa couleur vermeille, l'image du feu ou region ætherée : et les rides qui lui rendoient la face rechignée, et toute crasseuse, comme dit Homere, representoient les inconstances injurieuses de l'air. Le poil long et serré de sa barbe, dont Philostrate escrit qu'il faisoit un si grand conte, figuroit les influences productives, que ces deux premiers elements versent en contre-bas d'une abondance continuelle, afin que meslangez avec les inferieurs dans le sein de la Nature, ils donnent l'estre à toutes les choses de ce monde. Ce que les Poëtes nous donnent couvertement à entendre, quand ils feignent que sur la prime-vere Jupiter (qu'ils prennent pour æther) descend parmy les douces pluies dans le giron de la terre sa femme, et l'engrosse des diverses semences de toutes choses : et que Junon, c'est à dire l'air, est suspendue et liée par les mains d'une chaisne d'or, ayant à ses pieds deux lourdes enclumes attachées, dont la pesanteur la tire par force contre la terre.

Nulle autre partie, dans la figure de ce Dieu, ne pouvoit à mon advis representer la mer avec plus d'energie que le ventre. Car tout ainsi que cette partie est la sentine et cloaque du corps humain, le receptacle des excrements, l'amas des immondices et superfluitez, bref une estable d'Augee en nostre nature : de mesme les Ægyptiens estimoient que la mer avoit esté producte par le feu sortant hors la sphere de ses activitez, estant une superfluité corrompue, et maladie contre nature : et Plutarque la faict au monde ne plus ne moins que la vessie au corps d'un animal. Pour ceste raison les Monstres, les Androgynes, les Fulgurez, les Parricides, et semblables abominations, estoient precipitez dans la mer, comme estant seule au monde le lieu propre à recevoir telles impuretez. Et ceux-là qui s'estoient pollus de quelque indigne forfaicture croyoient, en s'y plongeant avec quelques ceremonies, y laisser leur crime, comme les blessez des bestes enragées y vont perdre la mortelle contagion de ce venin. Et nous lisons dans les Histoires du Nouveau Monde, que l'Ingua, Roy du Peru, avoit de coustume, se baignant dans une riviere, de confesser à haute voix tous ses pechez au Soleil, et puis commander aux eaux de les porter dans la mer, affin que jamais plus on n'en peust avoir de cognoissance. Si bien que les Pythagoriciens la nommoient bien à propos, la larme de Saturne, voulant dire sous ces paroles couvertes, qu'elle estoit toute impure et immonde.

Quant à la terre ferme et immuable sur le point indivisible qui la supporte, et entre-couppée de montagnes, elle estoit figurée par la corne dure et entr'ouverte des pieds de chevre du Dieu Pan : les plantes et les arbres qui la decorent, par le grand poil et les gazons verds dont ses cuisses estoient revestues, et les animaux, par la brutalité de ces parties.

Peut-estre que la figure humaine, dont la moitié de ce Dieu estoit honorée, pourroit representer l'homme, le plus sainct et admirable ornement de l'Univers. Mais nous dirons plustost que par là estoit figurée ceste vieille Proneia des Stoïques, c'est à dire ceste sage raison et providence eternelle qui gouverne toute la nature. Raison que les Platoniciens disoient estre yssue de la propre substance de Dieu, et participante d'entendement, d'ordre et d'harmonie, et que diffuse en la matiere, comme dans un corps qu'elle informe, non seulement elle anime et vivifie toutes les parties de ce grand Tout, mais aussi les regit avec poids et mesure selon les ordonnances eternelles de la nature.

Reste la solitude que ce Dieu cherissoit tant, par laquelle l'unité du monde estoit demonstrée contre les resveries de Democrite, d'Anaximander et de leurs sectateurs, qui faisoient naistre une infinité de mondes, s'entreproduisant les uns les autres, et dont ceux qui perissoient hors cestuy-cy estoient causes souvent des pestilences et accidens extraordinaires. Qui pourroit admettre les extravagances de cet Heraclides, qui constituoit en chacun des astres un monde pareil à cestuy-cy, et le triangle imaginaire de Petron composé de cent quatre-vingt trois mondes, s'entretenant comme ceux qui sont en une dance? La raison, la doctrine publique, et l'opinion mesme du divin Platon, nous en seigne trop certainement qu'il n'y a qu'un seul monde, creé et aymé de Dieu, composé de toute nature, ayant un corps entier et content de soy-mesme, sans avoir besoin de rien d'ailleurs.

C'est une parolle assez commune, et Aristote mesme nous l'enseigne en ses *Problemes,* que toutes les choses humaines se meuvent en figure circulaire, et qu'estant retournées au point de leur origine, elles joignent leur fin à leur commencement. En quoy Philon rencontre fort subtilement, disant que les gens de bien, apres avoir tourné leur compas sur toutes les actions de ce monde, vont finir un cercle admirable dans le Ciel, au mesme lieu où ils l'avoient commencé. Or, soit qu'en effect la nature des choses d'icy-bas soit telle, ou qu'une fortuite rencontre nous ait faict tomber dans ce cercle philosophique, ce traicté s'estant insensiblement replié sur luy-mesme et retourné au mesme discours de l'Univers dont nous avons tiré son commencement, nous estimons que pour ne dementir ce cours general de toutes choses, il est raisonnable de finir en cet endroict, et mettre pour Autels et colomnes de ce petit voyage que nous avons entrepris sur une mer incognue, l'esperance que la nouveauté du subject le fera recevoir d'aussi bonne part comme les difficultez en sont grandes et espineuses.

FIN

TABLE DES MATIÈRES
CONTENUES
EN CET ŒUVRE

LIVRE I.

Que plusieurs ont estimé les Satyres estre hommes differens d'espece des Adamiques	3
Que les Satyres ne pourroient estre plus ny moins que les hommes Adamiques, et estre hommes	7
Qu'il n'y a point eu d'hommes Satyres creez	12
Qu'il n'y en avoit point dedans l'Arche de Noé	17
Qu'ils ne pourroient estre immortels en leur tout	20
Qu'ils ne le pourroient estre en une partie	27
Que s'ils sont mortels en leur tout, ils ne sont point hommes	33

LIVRE II.

Que les vrais Satyres sont bestes brutes de la nature des Singes.................. 51
De deux Satyres pris en Esclavonie....... 53
Du Silene pris en Phrygie par Midas...... 55
Des Pans de l'Inde, selon Megasthenes ... 56
Des hommes chevre-pieds d'Herodote 57
Du Satyre porté mort à Constantin 59
Du Pan de Nicephore envoyé à Constantius.................................. 60
Du Satyre tué par Argus................ 62
Du Satyre mené à Sylla................ 62
Des Satyres menez à la suitte d'Osiris, ou Bacchus............................ 63
Description particulière des Singes Satyres. 64
Que tels Satyres ne sont point hommes... 67

LIVRE III

Des dereiglemens de la nature.......... 70
Que les Satyres Monstres proviennent de tels dereiglemens.................. 76
Qu'il y a peu de tels Satyres........... 78
Qu'ils ne peuvent engendrer 79

Qu'ils ne sont point hommes, c'est à dire qu'ils n'ont point l'ame spirituelle et immortelle 82

Que l'ame spirituelle ne pourroit informer les parties brutales................... 84

Qu'il ne se pourroit faire qu'elle informast les parties humaines, et la sensitive les brutales 98

LIVRE IV.

De la pluralité des Dieux parmy les Anciens 103
Que la Poesie a faict naistre cette erreur .. 104
Que le diable l'a confirmée............. 108
Des Faunes, Pans et Satyres, Dieux Forestiers.................................. 1c6
Que les oracles de ces faux demy-Dieux, et les terreurs Paniques, estoient artifices des Demons, pour se faire adorer 110
Que Pan et le Demon de Midy, est mesme chose................................ 115
De l'apparition des Demons en la forme qu'ils estoient adorez 117
De leur apparition en Satyres 118
Du Pan qui parut à Philippides......... 120
Du Satyre qui se fit voir à Magister Videns, sous Charles le Quint................ 121

Des Satyres qui paroissoient aux Bacchanales 123
Que les Bacchanales n'estoient en rien differentes des Sabats des Sorciers 124
Du Satyre qui parut à S. Antoine en la Thebaide 132
Qu'il n'estoit point homme 137
Qu'il n'estoit point un Satyre monstre 142
Qu'il n'estoit point une beste brute, contre l'opinion de Baronius 145
Qu'il estoit un Demon.................. 152
De quelques circonstances considerables en l'apparition de ce Satyre............. 152
Que l'Hippocentaure, qui parut au mesme Hermite, estoit un Demon............ 153
Que les Demons habitent tousjours aux deserts................................. 156
Que les Demons Satyres les ont aimez sur tous les autres lieux................... 158
Des impostures et veritez meslangées dans le discours de ce Satyre à S. Antoine.. 163
Du passage de David qu'il allegua........ 165
Que les paroles dont il usa estoient plus malicieuses que religieuses............ 169
Que Pic et Faune arrestez par Numa estoient Magiciens 177
Que les Satyres dont escrit Philostrate sont fabuleux 178

LIVRE V.

Que les Idoles des demy-Dieux Sylvains ont esté faictes sur l'image des Singes Satyres.................. 183
Superstition des Ægyptiens............. 183
Que les Satyres Singes qu'Osiris faisoit mener à sa suite, donnerent subjet à l'adoration des demy-Dieux bouquins... 185
Que Bacchus est tousjours suivy des Satyres..................... 188
Que les Satyres adorez par les Payens estoient semblables en toute chose, selon les fables, aux Satyres Singes.......... 189
Qu'ils estoient estimez demy-boucs, et cornus comme ces Singes................ 189
Qu'ils estoient nommez les velus......... 190
Que les Faunes demy-Dieux estoient reputez avoir la face rouge 193
Une queue de cheval................... 195
Estre de petite stature................. 196
Souples et d'un mouvement grotesque à la dance....................... 197
Lascifs extremement.................. 199
Si les Incubes peuvent engendrer 201
Des explications des Fables 204
Que Pan a esté estimé l'image de la parole. 205

Qu'il a esté pris pour la figure de l'homme. 206
Que plusieurs l'ont interpreté pour le principe de generation.................... 209
De l'amour de Pan envers les Nymphes... 213
Que l'Idole de Pan, selon quelques-uns, representoit le monde................ 216

IMPRIMÉ

PAR

CHARLES UNSINGER

TYPOGRAPHE A PARIS

Rue du Bac, n° 83.

www.ingramcontent.com/pod-product-compliance
Lightning Source LLC
Chambersburg PA
CBHW070649170426
43200CB00010B/2170